Dieter Ditscheid
Marcus' Erwachen in der Römerzeit

Dieter Ditscheid

Marcus' Erwachen in der Römerzeit

Rediroma-Verlag

Bibliografische Information der Deutschen Nationalbibliothek:
Die Deutsche Nationalbibliothek verzeichnet diese Publikation in der Deutschen Nationalbibliografie; detaillierte bibliografische Daten sind im Internet über http://portal.dnb.de abrufbar.

ISBN 978-3-98885-091-1

www.rediroma-verlag.de
12,95 Euro (D)

Über den Autor

Mein Hobby ist schon seit langen Jahren die Archäologie. Ich habe vor meiner Pensionierung als Lehrer und Dozent im kaufmännischen Bereich unterrichtet. Mich fasziniert das Leben aus der römischen Zeit. Mir kam dabei die Idee zu diesem Buch, wie ein junger Mann in dieser Zeit sein Glück findet.

Die Anhänge sind teilweise von Google und Wikipedia entnommen und von mir bearbeitet worden.

Inhalt

Prolog

Als Zeitreise bezeichnet man in der Physik und der Science-Fiction eine Bewegung in der Zeit, die vom gewöhnlichen gerichteten Zeitablauf abweicht, bzw. auch eine Bewegung durch die Zeit. Mittels der Relativitätstheorie sind Szenarien beschreibbar, in denen durch den Effekt der Zeitdilatation "Reisen" in die Zukunft stattfinden. Dass hingegen auch Reisen in die Vergangenheit, wie sie in vielen Werken der Science-Fiction beschrieben werden, überhaupt physikalisch, logisch oder metaphysisch möglich seien, wird vielfach bezweifelt und es gibt dafür keine empirische Evidenz.

Nach der allgemeinen Relativitätstheorie ist es denkbar, dass zwei verschiedene Bereiche der Raumzeit über so genannte Wurmlöcher miteinander verbunden sein könnten. Wenn die beiden Ausgänge eines solchen Wurmloches zwei Bereiche unterschiedlicher Zeit verbinden würden, wäre eine Zeitreise auch in die Vergangenheit möglich. Allerdings zeigen Rechnungen, dass Wurmlöcher normalerweise nicht stabil sind und so schnell zusammenbrechen, dass eine Passage nicht möglich ist. Hätte man eine hypothetische Materie mit negativer Energiedichte zur Verfügung, die so genannte exotische Materie, so könnte man damit ein Wurmloch stabilisieren. Die dazu erforderliche Menge an exotischer Materie steht aber nach derzeitigem Wissensstand im gesamten derzeit bekannten Universum nicht zur Verfügung.

Eventuell wäre auf einer speziellen Flugbahn in der Umgebung eines hinreichend schnell rotierenden Schwarzen Loches eine Reise in die eigene Vergangenheit möglich. Man nimmt jedoch an, dass es keine derart schnell rotierenden Schwarzen Löcher gibt.

Immer wieder gibt es Pressemeldungen über Fotos und andere reale Belege von vermeintlichen Zeitreisenden, die sich jedoch oftmals auch anders erklären lassen, aber gern für Verschwörungstheorien genutzt werden. Im Jahr 2019 erregte etwa ein Foto Aufsehen, das ein Mädchen, das der Umweltaktivistin Greta Thunberg täuschend ähnlich sieht, auf einem Foto aus dem Jahr 1898 zeigt.

Das Leben in Xanten

Marcus Dorati war mit seinem Leben zufrieden. In Xanten am Niederrhein erblickte er das Licht der Welt und verbrachte hier eine schöne Jugend. Das Abitur hatte er dieses Frühjahr mit Bestnote abgeschlossen. Mit einer Größe von einmeterachtzig und einer muskulösen Statur sah er schon stattlich aus. Die regelmäßigen Besuche in seinem Fitnessstudio waren nicht zu übersehen. Sein Berufswunsch war schon seit seiner Jugendzeit das Studium der Archäologie. In der letzten Woche wurde ihm nach langem Suchen ein entsprechender Studiumsplatz an der Uni in Trier zugesichert. Das erste Semester würde im Februar nächsten Jahres beginnen. Er hatte sich im Vorfeld persönlich in Trier informiert und erfahren, dass das Studium acht Jahre dauert. Bei dieser Gelegenheit besuchte er auch die Porta Nigra. Er hatte das Bauwerk genau in Augenschein genommen und war von der Architektur sehr beeindruckt gewesen. Seinen Abschluss würde er dann im Jahr 2024 im Alter von achtundzwanzig Jahren machen. Marcus war bereit, sich den Aufgaben zu stellen.

Sein Vater Peter betrieb in der Stadt einen Friseursalon und war außerdem von einer großen Leidenschaft besessen. Hinter seiner Verkaufstheke im Laden reihten sich neben den Kosmetikartikeln viele Becher, Töpfe und Alltagsgegenstände aus der Römerzeit. Die Römer traten deshalb schon früh in das Leben seines Vaters, weil er schon als kleiner Junge das alte Ruinenfeld neben der Stadt regelmäßig nach römischen Artefakten absuchte. Vor über vierzig Jahren hatte sich sein Vater neben seiner Ausbildung zum Friseur als Führer über die alten Ruinen von der Stadt einstellen lassen. Zu dieser Zeit fanden große Ausgrabungen auf dem Gelände der [1]Colonia Ulpia Traiana statt und Peter führte die Besucher über die Ausgrabungsflächen. Marcus begleitete seinen Vater regelmäßig und sog die Geschichten über die Römer mit wachsender Begierde auf. Mittlerweile hatte ihn die gleiche Leidenschaft wie die seines Vaters ergriffen und er hielt Ausschau nach jeglicher Literatur, um seinen Wissensdurst zu befriedigen. Auch besuchte er Lateinkurse, um den Text auf römischen Artefakten entziffern zu können. In dem neuen Museum, das vor einigen Jahren im Ausgrabungsgebiet fertig gestellt wurde, war er Stammgast. Das Museum war über den großen Thermen der ehemaligen römischen Stadt aufgebaut. Hier werden die Originalfunde mit vielen Hintergrundinformationen aus den Ausgrabungen ausgestellt. Durch eine architektonische Besonderheit kann man einen Rundgang bis zum Dach genießen, einzelne abgeschlossene Etagen sind nicht vorhanden. Bei seinen Besuchen machte er sich immer viele Notizen, weil er später mal eine Zusammenfassung über die Römer in seiner Heimat schreiben wollte.

„Heute Abend treffe ich mich mit Sarah, wir ziehen mit ein paar Freunden um die Häuser und gehen dann

---

[1] wurde 100 n. Chr. von Kaiser Trajan gegründet

zu McDonald, um eine Kleinigkeit zu essen“, antwortete Marcus auf die Frage seiner Mutter, warum er das Fußballtraining für den heutigen Abend abgesagt hatte. Er war inzwischen zu einem jungen Mann herangewachsen und hatte sich in das Mädchen aus der Nachbarschaft verliebt. Aber trotzdem ließen ihm die Römer keine Ruhe.

Der Abend verlief viel versprechend und Marcus kam seiner Sarah näher, da auch sie in vielen Gesten ihre Zuneigung zu ihm signalisierte. Marcus erzählte ihr von seiner Leidenschaft für die römische Geschichte und das er schon einen entsprechenden Studiumsplatz zum Archäologen in Trier gefunden habe. Während sie am späten Abend Hand in Hand nach Hause gingen, hielt Sarah plötzlich an und schaute ihm in die Augen. „Das war ein schöner Abend mit dir“, sprach sie dann leise, „ich glaube, du hast Gefühle in mir geweckt, die mein Herz höherschlagen lassen.“ Marcus fühlte sich wie vom Blitz getroffen, gingen doch seine kühnsten Träume in Erfüllung. „Du machst mich mit deinen Worten zum glücklichsten Menschen auf dieser Welt!“, gab er zur Antwort, „ich schwebe wie auf Wolken.“ Dann nahm er sie in seine Arme und Sarah gewährte ihm den ersten zarten Kuss auf ihre Lippen. Beschwingt gingen beide weiter, der Druck ihrer beider Hände war jetzt umso fester. An ihrer Haustür angekommen, versprachen sich beide, in Zukunft jede freie Zeit gemeinsam zu verbringen. „Aber wenn du nächstes Jahr in Trier bist“, kam dann fragend der Einwand von Sarah, „wie sollen wir uns dann regelmäßig sehen?“ „Wir werden sicher eine Möglichkeit finden“, meinte er, „an den meisten Wochenenden komme ich nach Hause. Wir schreiben uns dann auch täglich über WhatsApp und tauschen unsere Gedanken aus.“ „Das ist eine gute Idee“, sprach Sarah erleichtert, „damit kann ich leben.

Nachdem er Sarah verabschiedet hatte, verspürte er keine Lust, sich jetzt schon nach Hause zu begeben. Sein Herz schlug ihm bis zum Hals über die überraschende Wendung, deshalb lief er den Weg Richtung Ruinenstadt, um hier in aller Ruhe wieder einen klaren Gedanken fassen zu können. Er ging bis zur Mitte des alten Amphitheaters, stemmte seine Füße in den Sand und schrie sein Glück aus vollem Halse in die Nacht. Er beachtete dabei nicht die große graue Wolke, die sich über ihm auftürmte, er nahm nur noch ein helles Blitzen wahr und fiel ohnmächtig in den Sand der Arena.

Zu neuen Ufern

… Marcus hatte Mühe, seine Augen zu öffnen. Seine Hände tasteten die Umgebung ab, er fühlte warmen Sand durch seine Finger gleiten. Langsam konnte er die Augen aufschlagen und starrte in eine sternklare Nacht. Was ist passiert, warum liege ich hier, seine Gedanken bewegten sich im Kreis. Er hatte doch erst vor kurzem seine erste große Liebe verabschiedet. Immer noch benommen, nahm er den Schneidersitz ein und seine Augen suchten die Umgebung ab. Was er nun sah, raubte ihm die Sinne. Das Amphitheater erstrahlte im Mondlicht in seinem ursprünglichen Zustand. Auch die Bauten, die er hinter den hohen Tribünen erkannte, waren in einem makellosen Zustand. In einiger Entfernung konnte er sogar den Hafentempel in seiner vollen Pracht bewundern. Auch das Plätschern des Rheins erschien ihm näher als sonst. Was ist das für ein Traum? , fragte er sich. Hat mich meine Leidenschaft für die Römer verrückt werden lassen.

„Hey du, was suchst du um diese Zeit hier in der Arena?“, rief plötzlich jemand von der unteren Steinsitzreihe, „du warst wohl zu lange in einer der Tavernen und hast zu viel Wein gebechert.“ Marcus konnte noch immer keinen klaren Gedanken fassen, sprang auf und suchte sein Heil in der Flucht. Hinter ihm rief der Unbekannte noch einige Worte nach, aber Marcus rannte weiter, nur weg von hier. In der Nähe gewahrte er das Hafentor und hielt darauf zu. Zu seinem Entsetzen standen zwei römische Wachsoldaten davor, aber in seiner Not setzte er alles auf eine Kappe. Mit fliegenden Beinen raste er an ihnen vorbei, die verdutzten Legionäre ließen ihn tatenlos passieren, sie hatten noch nie einen Menschen in solcher Kleidung gesehen. Marcus trug nämlich weiße Turnschuhe, rote Jeans und ein schwarzes Hemd mit dem roten Aufdruck „I love Xanten.“ In der hellen Nacht sah er die intakte Hafenanlage von [2]Colonia Ulpia Traiana, es wunderte ihn schon nicht mehr und fand Unterschlupf in einem der vorhandenen Lagerhäuser. Zu dieser Zeit war der Hafen menschenleer und in sicherer Position überlegte er jetzt seine weiteren Schritte.

… Was ist mir zugestoßen, bin ich etwa in ein Zeitloch gefallen? Was ich bis jetzt gesehen habe, entspricht der Realität. Wie soll ich damit umgehen? Diese Fragen stellte er sich und wurde zunehmend machtlos wegen der Geschehnisse. Er fiel in einen Dämmerzustand, Körper und Geist waren überfordert und schalteten auf den Trieb der Lebenserhaltung. Nach gefühlt unendlich langer Zeit öffnete er wieder die Augen und versuchte, mit der Wirklichkeit zu recht zu kommen. Seiner Ohnmacht folgte so langsam die Überlegung, den jetzigen Zustand anzunehmen und zuerst die Kleidung wechseln, um nicht aufzufallen. Das Einzige, was ihn dann noch verdächtigt machte, war seine Armbanduhr, die er nicht mehr offen tragen durfte. Die Uhr war ein Geschenk seines Vaters zur

---

[2] römischer Name von Xanten

bestandenen Abiturprüfung. Sie hatte einen historischen Hintergrund, weil das Zifferblatt die Himmelsscheibe von Nebra darstellte. Seinen Geldbeutel mit Inhalt würde er irgendwo sicher deponieren. Anschließend durchsuchte er das Lager. Zu seinem Glück hatte jemand Kleidung in einer Transportkiste bereitgestellt, die wohl am nächsten Tag zu einem Händler geliefert werden sollte. Er nahm sich eine Langarmtunika und die obligatorischen Sandalen aus der Kiste und zog sich um. Seine abgelegten Kleidungsstücke versteckte er in der hintersten Ecke der Lagerhalle. So ausgerüstet, nahm er sich vor, im Morgengrauen einen Rundgang durch die Stadt zu unternehmen, um sich ein Bild von seiner Lage zu machen.

An Schlaf war nicht zu denken und bei den ersten Sonnenstrahlen wagte er sich aus seinem Versteck. Es versprach vom Wetter her ein schöner Sommertag zu werden und er ging gemächlich Richtung Hafentor. Er versuchte keine Eile an den Tag zu legen, um keinen Preis wollte er auffallen. Überall im Hafengelände konnte er ein pulsierendes Treiben beobachten, vom Aussehen her waren es überwiegend Sklaven, die hier für ihre Herren ihre Arbeit verrichteten. Trotz seiner misslichen Lage huschte ein leichtes Lächeln über sein Gesicht. Denn außer der lateinischen Sprache war keine andere zu hören und derer war er sehr vertraut. Denn durch seine Leidenschaft für die römische Geschichte hatte er viele Sprachkurse für Latein besucht und konnte deshalb die Unterhaltungen der Arbeiter verstehen. Seine Freunde neckten ihn gelegentlich mit dem Hinweis, das Latein eine tote Sprache wäre. Aber hier war sie lebendiger denn je. Die Wachen am Tor musterten ihn kurz und deuteten ihm an, weiter zu gehen. Erleichtert nahm er die Aufforderung zur Kenntnis, seine Kleiderwahl war wohl die Richtige. Er nahm sich für heute vor, die Stadt in ihrer vollen Schönheit zu besichtigen. Er kannte ja nur das Areal mit den Ruinen und den Ausgrabungen. Trotz der Freude über diese Gelegenheit war sein Herz voller Sorge, wie die Geschichte für ihn weitergehen sollte. Wo kann ich schlafen, wohnen und ohne Einnahmen hier mein Leben bestreiten? Die Gedanken an seine Eltern, seine Freunde und natürlich Sarah, wie ein Speer trafen diese Überlegungen in sein Herz. Er musste den Ereignissen auf den Grund gehen, kam er je wieder zurück in seine Zeit?

Aber jetzt schob er diese Gedanken beiseite, galt es doch, sich einen Überblick zu verschaffen für seine nächsten Entscheidungen. Er ließ das Amphitheater links liegen, hier nahm das Unbekannte gestern Abend seinen Anfang und er bog die zweite Straße rechts ab, das war laut seinen Erkenntnissen die Richtung zum [3]Kapitoltempel und dem Forum. Erstaunt nahm er die farbenfrohe Gestaltung der ganzen Stadt zur Kenntnis, man hatte es immer vermutet, aber nun sah er auch die Bestätigung dessen. „Sag mal, bist du nicht derjenige, der gestern Abend im Sand der Arena lag“, wurde er plötzlich angesprochen, „und dann noch in diesen ko-

---

[3] Tempel für mehrere Gottheiten

mischen Kleidern. Ich denke, du huldigst irgendeinem Götterkult." Erschrocken sah sich Marcus zu dem Sprecher um und sah einen Mann in vornehmer Kleidung vor sich stehen. Marcus schaltete schnell um und sagte: „Ich war gestern Abend in einer [4]Tabernae und habe wohl zu viel dem Wein zugesprochen, dann bin ich irgendwie in der Arena gelandet. Genau erinnern kann ich mich an nichts mehr." „So etwas kann schon mal vorkommen, wenn man keine Grenzen beachtet", erwiderte der Angesprochene, „aber das mit deiner Kleidung muss du mir erklären. Ich bin nämlich der größte Stoffhändler hier in der Stadt und jeder weiß, bei Lucius gibt es die besten Stoffe weit und breit." „Jetzt nicht, mein Name ist Marcus und ich bin erst gestern Abend aus Rom angekommen. Im Tabernae traf ich einen Händler, der mir diese Kleidungsstücke verkaufte. Heute Morgen fiel mir auf, dass mich alle komisch anstarrten, deshalb habe ich mich wieder umgezogen und die Sachen im [5]Rhenus versenkt. Leider habe ich auch festgestellt, dass meine ganze Barschaft und mein Reisegepäck gestohlen wurden." „ Schade", sagte Lucius, „ich hätte mir diese Kleidungsstücke gerne näher angesehen. Aber in deiner Not kann ich dir helfen. Du scheinst ein junger Mann mit Bildung zu sein, solche Personen kann ich immer in meinem Geschäft unterbringen. Wenn du keine anderen Ziele hast, dann begleite mich zum Forum, ich möchte

---

[4] eine Schankwirtschaft

[5] römischer Name vom Rhein

dir mein Geschäft zeigen.“ Erleichtert nahm Marcus das Angebot an und folgte Lucius. Nie hätte er sich träumen lassen, so schnell in seiner Situation einen Zugang in dieses Leben zu bekommen. Vor dem Kapitoltempel blieb er kurz stehen, er war überwältigt von den Ausmaßen und der Schönheit des Gebäudes.

Lucius wurde schon ungeduldig, deshalb schob er sich mit ihm weiter durch die Menge. Zu dieser Zeit waren die Strassen voller Menschen und die beiden hatten Mühe, das Forum zu erreichen. Dort angekommen, kam Marcus aus dem Staunen nicht mehr heraus. Er schätzte die Basilika auf eine Länge von 120 Meter und die beiden Säulengänge rechts und links davon auf je auf 70 Meter. In den überdachten Gängen wurden Waren aus dem ganzen Reich angepriesen. Es bot sich ihm ein Wirrwarr von schreienden Händlern und feilschenden Kunden an. Lucius zog ihn weiter, bis sie in seine Geschäftsräume eintraten. Auch hier wurde lautstark über Preise verhandelt. Endlich erreichten sie das große Hinterzimmer, wo einige Angestellte Stoffe sortierten und andere über Papyruslisten gebeugt waren. Lucius erklärte ihm den Ablauf seiner Geschäfte, gab dann einigen Angestellten weitere Instruktionen und wandte sich danach an Marcus: „Eine Strasse weiter steht meine Stadtvilla, jetzt ist Mittagszeit, und deshalb möchte ich, dass du mich nach Hause begleitest.“ „Warum bist du mir so zugetan“, erwiderte Marcus, du kennst mich erst seit kurzer Zeit und setzt so viel Vertrauen in mich, der ich nur ein Fremder für dich bin.“ „Du erinnerst mich an meine Jugendzeit“, erwiderte Lucius, „in deinem Alter kam ich auch als Fremder in diese Stadt und du siehst, was aus mir geworden ist.“ Dankbar nahm Marcus nun das Angebot an und folgte Lucius auf den Weg nach Hause. Dort angekommen, kam Marcus aus dem Staunen nicht mehr heraus. Das Haupthaus besaß einen mit Säulen umrahmten Eingang und rechts und links davor befand sich je ein rechteckiger Wohntrakt. Auf seine Frage hin betreffend der Langgebäude erklärte ihm Lucius, das hier das Hauspersonal und einige Angestellten ihre Unterkunft innehätten.

„Julia, Julia!“, rief Lucius nach seiner Frau, als sie im [6]Atrium ankamen, „ich habe einen Gast zum Essen mitgebracht, wir gehen schon ins [7]Triclinium.“ „Ja, mein Liebster“, antwortete sie, „ich lasse alles herrichten.“ Der Mosaikboden im Triclinium war wie gemalt. Man sah einen Gladiatorenkampf in einer Arena. Marcus war hingerissen von der Feinheit dieser meisterhaften Arbeit. In diesem Moment traten zwei Frauen in den Raum, Schönheiten, die in seiner Zeit viel Aufmerksamkeit erregen würden. Die jüngere hatte eine ebenmäßige Figur, schulterlange schwarze Haare, die schon bläulich schimmerten und einen gebräunten Teint. Ihre tiefblauen Augen fesselten jeden, der sie ansah. Die Ähnlichkeit mit ihrer Mutter war nicht zu übersehen. Lucius stellte die beiden als seine Frau Julia und Tochter Diana vor. Errötend legte Marcus seine

---

[6] zentraler Raum mit Zugang zu allen Zimmern

[7] römisches Esszimmer

rechte Hand an seine linke Brust und stellte sich als Marcus Dorati, gestern aus Rom eingetroffen, vor. Die beiden grüßten zurück und Lucius bat alle, auf den [8]Klinen Platz zu nehmen. Dann klatschte er dreimal in die Hände und einige Sklaven tischten nun auf. „Dorati, Dorati?“, ergriff Lucius das Wort, „den Namen habe ich früher mal gehört. Soweit ich mich erinnern kann, war es eine bekannte Familie, die damals in Pompeji den Untergang der Stadt nicht überlebt hat.“ „Marcus überlegte kurz und erwiderte „So weit ich mich zurückerinnern kann, hat mich eine Familie aus Rom als Kleinkind aufgenommen, meine Herkunft wurde nie geklärt.“ „Das Ganze hört sich sehr interessant an“, sinnierte Lucius, „es lohnt sich, später den Dingen auf den Grund zu gehen.“ Das Essen war hervorragend, diverse Fleischgerichte, frischen Fisch und leckeren Nachtisch wurde serviert. Dazu gab es verdünnten Wein. Marcus konnte sich nicht erinnern, jemals so fürstlich diniert zu haben. Es stimmte also, dass reiche Römer speisten wie die Fürsten. Zwischendurch schaute er immer wieder heimlich zu Diana. Sie war eine wahre Augenweide. Ihre Kleidung, ihr Make up und die schwarzen langen Haare ließen sie wie eine Prinzessin aussehen.

---

[8] Liegemöbel, auf denen das Essen halbliegend von kleinen Beistelltischen eingenommen wurde

Die neue Zukunft

Während des Essens fand eine ungezwungene Unterhaltung statt, dann fragte Lucius unverhofft: „Was hat dich denn eigentlich in unsere Stadt verschlagen?“ Marcus hatte sich schon gedacht, dass diese Frage irgendwann an ihn gestellt würde und sich eine passende Antwort zurechtgelegt. „Als meine Zieheltern vor einiger Zeit verstorben sind, haben sie mir ein kleines Vermögen hinterlassen, sie hatten keine eigenen Nachkommen. Ich habe den größten Teil der Hinterlassenschaft bei einem zuverlässigen Freund hinterlegt und mich dann auf diese Reise begeben. Bei dieser Gelegenheit will ich feststellen, wie ich meine weitere Zukunft gestalten kann. Der Zufall hat mich in diese Stadt geführt.“ Nach einiger Zeit der Überlegung räusperte sich Lucius und sprach: „Ich kann dir eine Anstellung in meiner Tuchhandlung anbieten und dich in die Geschäfte einführen. Auch gebe ich dir dann eine Unterkunft in dem angrenzenden Wohntrakt, wo mein Personal untergebracht ist.“

Marcus überdachte kurz seine Situation, es war die beste Möglichkeit im Moment, sich jetzt neues Leben hier einzurichten: „Deinen Vorschlag nehme dankend an und freue mich, in deine Dienste zu treten.“ „Dann sind wir uns einig“, erwiderte Lucius, „ich gebe dir vorher einige Wochen Zeit, dich einzurichten und die Umgebung kennen zu lernen. Du solltest dich hier wie zu Hause fühlen.“ Julia und Diana waren auch begeistert von dieser Entscheidung und sprachen Marcus ihre Unterstützung zu, damit er sich einleben könnte. „Ich muss jetzt zurück ins Forum“, sprach Lucius anschließend, „ meine Geschäfte rufen mich. Diana könnte mit Marcus die Stadt erkunden, damit er sich mit den Örtlichkeiten vertraut machen kann.“ Beide erröteten bei diesem Vorschlag und Marcus konnte sein Glück kaum fassen. Den Nachmittag mit solch einer Schönheit zu verbringen, eine Steigerung wäre nicht möglich.

Diana bat ihm, ihr zu folgen und sie führte ihn zuerst zu den öffentlichen Thermen. Von außen wirkte das Gebäude schon wie ein Palast wegen der vielen Säulengänge und im Innern konnte er einige Kalt- und Warmwasserbäder besichtigen. Auch Dampfbäder und sogar eine Bibliothek waren vorhanden. Er war überwältigt von den vielen Mosaikböden und den herrlichen Bemalungen an den Wänden. Diese Therme war besser ausgestattet wie manche öffentliche Bäder in seiner Zeit. „Komm, lass uns weitergehen“, Diana riss ihn aus seinen Gedanken, „die Stadt ist groß und ich muss dir noch vieles zeigen.“ Marcus schaute auf seine Begleiterin und war total verwirrt. Es war einfach zu viel, was heute auf ihn einstürzte. Die schöne Stadt in all ihren Farben, seine Zukunftsaussichten und die hübsche Tochter von Lucius an seiner Seite. Er hatte Angst, dass sein altes Leben schnell verblasste, die Gedanken an seine Eltern und Freundin Sarah schoben sich ungewollt mehr in den Hintergrund. Aber wie konnte er das alles verkraften? „Was ist mit dir“, fragte Diana in seine Gedanken hinein, „du bist so nachdenklich.“ „Ach, ich habe nur über den Vorschlag deines Vaters nachgedacht“, log Marcus, „dann lass uns weiter gehen, ich möchte gern den Rest der Stadt kennen lernen.“

Er folgte Julia in Richtung Kapitoltempel und weiter in die Außenbezirke der Stadt. Marcus staunte über die Gradlinigkeit der Strassen und den guten Zustand der Gebäude, auch den kleinen Wohnhäusern und dem Handwerkerviertel. Unterwegs erklärte ihm Diana die einzelnen Bedeutungen der verschiedenen Einrichtungen. Marcus war immer mehr fasziniert von seiner Begleiterin, auch ihre Stimme hatte einen sehr melodischen Klang. Er fühlte sich nach und nach unweigerlich zu ihr hingezogen. Die Stunden vergingen wie im Flug, der Abend rückte näher und Diana mahnte an, den Heimweg einzuschlagen.

Zu Hause angekommen, kam Julia ins Atrium und zu Marcus gewandt, sagte sie: „ Folge mir in den Wohntrakt, ich zeige dir jetzt dein Zimmer, wo du eine Bleibe hast. Alles andere kannst du mit Lucius abklären.“ Es war ein sauberes Zimmer, bestückt mit einem Bett und einer Holztruhe für die Kleidung. Außerdem stand ein Beistelltisch mit Hocker in der Ecke. Während Marcus sich umschaute, sprach Julia: „ Ich hoffe, Diana hat dir vieles zeigen können, damit du dich in unserer Stadt zurechtfindest. Wenn du später Fragen hast, dann komm zu mir oder Diana, wir werden dir weiterhelfen. Lucius hat mir noch fünfzig [9]Sesterzen für dich gegeben, weil du gestern bestohlen wurdest. Damit kannst du dir dein Essen kaufen, er wird es dann später mit dir verrechnen." „Ich danke dir und deiner Familie", antwortete Marcus, „ihr habt mich herzlich aufgenommen und ich werde mein Bestes tun, um meinen ehrlichen Dank zu zeigen." Nachdem Julia das Zimmer verlassen hatte, entschied Marcus, noch eine Kleinigkeit zu essen. Er hatte in der Nähe eine offene Garküche gesehen und konnte nun mit dem Geld von Lucius seine Ausgaben bezahlen. Auch nahm er sich vor, sich noch einige Kleidungsstücke zuzulegen. In der Nacht kam er kaum zur Ruhe, immer wieder kreisten seine Gedanken um das bis jetzt Erlebte.

Die zweite Nacht verlief auch wieder sehr unruhig für ihn, er wälzte sich von einer Seite auf die andere. An einen Erholungsschlaf war nicht zu denken. Bei den ersten Sonnenstrahlen, die durch die Fensteröffnung den Raum mit Licht durchfluteten, sprang Marcus aus dem Bett und zog sich an. Er hatte sich heute Nacht bei seinen Überlegungen vorgenommen, heute das Umfeld von Colonia Ulpia Traiana zu erkunden. Nachdem er Lucius sein Vorhaben erklärt hatte, machte er sich mit seiner Zustimmung auf den Weg. Zuvor bekam er aus der [10]Culina ein Fladenbrot, belegt mit Kräuterquark, das obligatorische Frühstück der Römer, für unterwegs

---

[9] römische Münze, ein Brot oder ein Teller Gemüsesuppe kostete z.Bsp. 0,5 Sesterzen

[10] römischer Name der Küche

mit. Schon am frühen Morgen waren die Strassen voller Menschen und Marcus beeilte sich, aus der Stadt zu kommen. Er ging zum Südtor, das war in seiner Zeit die Strasse Richtung Köln. Da die Gegend seine Heimat war, kannte er sich bestens aus. Aber hier war jetzt alles anders. Der Rhein lag noch in seinem alten Bett, die befestigte Römerstrasse verlief schnurgerade nach Süden und die Wälder waren größer als in seiner Zeit. Wo er das heutige Birten vermutete, links sah er die Umrisse von [11]Vetera ll, bog er ab und gelangte nach einigen Minuten zum Amphitheater. Hier war noch kein großer Verfall zu sehen, es wurde ja erst vor über siebzig Jahren aufgegeben. Damals wurde das dazugehörige Legionslager Vetera l oben auf dem Fürstenberg von den germanischen Batavern überfallen und zerstört. Marcus schaute hoch und sah ein riesengroßes Ruinenfeld. Als er sich im ehemaligen Lager umschaute, war er erstaunt über die riesigen Ausmaße. Bei der damaligen Besatzung von über zehntausend Legionären war diese Größe wohl erforderlich. Der Ort übte auf Marcus eine mystische Wirkung aus. Von hier aus war Varus 9 n. Chr. mit drei Legionen nach Haltern marschiert und wurde auf dem Rückweg von Arminius und seinem Germanenheer vernichtet. Bei der Schlacht im Teutoburger Wald fanden über zwanzigtausend Soldaten den Tod. Die Geschichtsabläufe wurden für Marcus in diesem Moment zum Greifen nahe.

[11] Legionslager

Er setzte sich auf die zerstörte Außenmauer eines Gebäudes und kam zu der Erkenntnis, dass kein Mensch außer ihm so nah an vergangenen Ereignissen teilnehmen durfte. Sein heimlicher Wunsch, in dieser Zeit gelebt zu haben, war aus unerklärlichen Gründen Wahrheit geworden. Diese Gedanken nahmen sehr viel Raum in seinen Überlegungen und er wollte das Beste daraus für sich in seinen kommenden Handlungen umsetzen. Ein Blick auf seine versteckte Armbanduhr sagte ihm, dass es Zeit für die Rückkehr war. Hier oben im Wald konnte er keine Menschenseele wahrnehmen, darum ging er gemächlich weiter und sah sich in Ruhe alles an, was die Römer hinterlassen hatten. In der Stadt angekommen, begab er sich zum Forum um Lucius aufzusuchen. Er fand ihn im Hinterzimmer und sah ihn im Gespräch mit einer für ihn unbekannten Person. „Aah!, du kommst im richtigen Moment“, meinte Lucius, „ich verhandele gerade mit Clarus über eine Lieferung von Stoffrollen, er ist ein Großhändler aus [12]Mogontiacum.“ Nach einer gegenseitigen Begrüßung sprach Lucius weiter: „In nächster Zeit unterrichte ich dich über die Feinheiten der einzelnen Stoffe, dann wirst du den Kontakt mit Clarus halten und gelegentlich nach Mogontiacum reisen, um neue Stoffe auszuwählen.“ „Den Auftrag werde ich zu deiner Zufriedenheit ausführen“, antwortete Marcus, „wie du vermutest, reise ich gern.“

[12] römischer Name der Stadt Mainz

Nach der folgenden Besprechung über die Einzelheiten verabschiedete sich Marcus mit dem Hinweis, weiter die Stadt zu erkunden. Aber ohne Diana fühlte er sich jetzt einsam und dachte mit Wehmut an ihre Nähe. Die Gedanken an Sarah schoben sich in erschreckender Weise mehr in den Hintergrund und Diana nahm dafür immer mehr Platz ein in seiner Gefühlswelt. Er musste ihr näher kommen, um festzustellen, ob sie seine Gefühle erwiderte. Mit dieser Aussicht kam wieder Freude in ihm auf und locker durchstreifte er die Strassen der Stadt. Es gab viel zu sehen. Im Handwerkerviertel schaute er den Arbeitern staunend zu, wie die einzelnen Gewerke zur damaligen Zeit mit großer Präzision ausgeführt wurden. Vieles davon war in seine Zeit übernommen worden. Er schlenderte dann Richtung Hafen und nahm den Hafentempel mit den hohen Säulen in Augenschein. Auch war er von der Maßarbeit des Gebäudes fasziniert. Die Römer verstanden ihr Handwerk. Als er durch das Hafentor die Stadt verließ, beobachtete er das Treiben am Hafenkai. Einige Frachtschiffe lagen vor Anker und wurden emsig be- oder entladen. In der Stadt lebten seines Wissens nach an die zehntausend Einwohner und die Versorgung musste gewährleistet sein. Er wollte sich noch vergewissern, ob seine Kleidung gut aufgehoben war, aber es waren zu viele Menschen anwesend. Es würde sich schon eine andere Gelegenheit ergeben. Aber jetzt strebte er nach seinem neuen Zuhause, vielleicht traf er Diana an. Er wollte unbedingt in ihrer Nähe sein.

Eine Stadt in Aufregung

Die Stadt Xanten befand sich in voller Aufregung. Seit fast zwei Tagen wurde ein junger Mann vermisst. Das Ehepaar Peter und Irmgard Dorati waren gestern auf der hiesigen Polizeistation und gaben eine Vermisstenmeldung auf. Ihr Sohn Marcus sei einen Tag vorher mit seiner Clique abends durch die Stadt gezogen und wäre seitdem unauffindbar. Die vorhandenen Polizeistreifen suchten sofort die nähere und weitere Umgebung ab, auch ein Hubschrauber mit Wärmekamera war bei der Suche mit eingebunden. Die Xantener Bürger vermuteten schon ein Verbrechen und brachten ihre Kinder persönlich in die Schulen. Die Mitglieder der Clique wurden von der Polizei eingehend befragt, aber keiner wusste etwas über den Verbleib von ihrem Freund Marcus. Ihren Aussagen zufolge wurde Marcus ein letztes Mal gesehen, als er Hand in Hand mit Sarah nach Hause ging. Daraufhin angesprochen, standen Sarah Tränen in den Augen und sie war kurze Zeit nicht ansprechbar. Nachdem sie sich beruhigt hatte, schilderte sie, was vorgefallen war. Sie hätten sich unterwegs ihre gegenseitige Zuneigung gestanden und beschlossen, ein Paar zu werden. Vor ihrer Haustür habe sich Marcus dann verabschiedet und versprochen, jede freie Minute die Zeit miteinander zu verbringen. Sie könnte sich keinen Reim daraus machen, was danach passiert sei. Die Eltern von Marcus ließen überall Plakate aufhängen und auch in den öffentlichen Medien starteten sie einen Suchauftrag. Sarah war die unglücklichste Person in der ganzen Geschichte, an einem Tag ihr Glück gefunden und gleich wieder verloren zu haben. Man sah sie seit jener Zeit ruhelos durch die Stadt irren. Gelegentlich besuchte Sarah die Eltern von Marcus und gemeinsam trauerten sie um den Vermissten. Eines Abends stand sie wieder vor der Tür und heulte. Peter ließ sie ein und Sarah sagte mit weinerlicher Stimme: „Heute vor einem Monat war mein letzter Abend mit Marcus, ich kann mich nicht damit abfinden, das er nicht mehr da ist. Er ist meine erste große Liebe, wir hatten uns so viel vorgenommen." Irmgard legte tröstend ihren Arm auf Sarahs Schulter: „Mein Mann und ich leiden genauso wie du, aber wir geben die Hoffnung nicht auf. Vielleicht gibt es in nächster Zeit eine Erklärung für sein Verschwinden und er steht unerwartet vor unserer Tür." „Das ist auch meine Hoffnung", schluchzte Sarah, „ich werde auf ihn warten."

Eine neue Liebe

Marcus sah schon von weitem Diana vor dem Eingang der Stadtvilla stehen. Seine Schritte wurden schneller und sein Herz schlug einen Takt höher. „Ich habe mir schon Sorgen gemacht, wo du bleibst“, empfing sie ihn, „die Stadt ist dir noch fremd und in manchen Vierteln sehr unsicher. Man hört ab und zu von Überfällen und manch einer hat dabei mit seinem Leben bezahlt.“ „Ich war vorsichtig“, entschuldigte sich Marcus, „der Gedanke, dich wieder zu sehen, hat meinen Beinen Flügel verliehen.“ Errötend senkte Diana ihr Haupt und flüsterte: „Mir geht es genauso, ich denke viel an dich und diese Gedanken sind ziemlich neu für mich. Bis jetzt hat mich noch kein Mann interessiert, aber bei dir ist das irgendwie anders.“ Jetzt war es an Marcus, dem die Röte ins Gesicht stieg und er fand auf Anhieb keine Antwort. So standen sie sich einige Zeit sprachlos gegenüber bis Marcus wieder sprechen konnte: „Mir geht es ähnlich. Wenn du einverstanden bist, würde ich gern mehr Zeit mit dir verbringen. Du könntest mir in den nächsten Tagen noch mehr von der Stadt und dem Umfeld zeigen. Das wäre sowieso im Sinne deines Vaters!“ Nachdem Diana ihm zugestimmt hatte, hörten sie die Rufe von Julia. Sie stand im Atrium und winkte den beiden zu, hereinzukommen. Am nächsten Morgen wurde Marcus ins Haupthaus gebeten, er war zum Frühstück der Familie eingeladen worden.

Als er in das Triclinium eintrat, stand er einem jungen Mann gegenüber, dessen Gesichtszüge die von Lucius ähnlich waren. „Ich stelle dir meinen Sohn Livius vor“, sprach Lucius, „er kommt von einer mehrtägigen Reise zurück. Er war in [13]Augusta Treverorum, um sich mit dem Fürsten Alpinius von den Treverern zu treffen. Dieser Germanenstamm stellt Stoffe aus Wolle und Leinen her, die teilweise sehr bunt gewebt werden. Auch diese Beinkleider für Männer, ich habe dich selbst vor einigen Tagen darin gesehen, werden durch die Treverer hergestellt. In meinem Auftrag hat er einige Ballen aufgekauft und mitgebracht.“ Die beiden jungen Männer standen sich gegenüber und schätzten sich mit Blicken ab. Es war nur ein kurzer Moment, es fiel den Anwesenden nicht auf, dann war ein gegenseitiges Einverständnis hergestellt. Sie begrüßten sich wohlwollend und die Familie wandte sich dem Frühstück zu. „Ich habe Livius von deiner Anwesenheit berichtet“, sprach Lucius kauend zu Marcus, „zuerst hatte er Bedenken, das wir einen Fremden aufgenommen haben. Aber durch dein Verhalten in den letzten Tagen sind wir uns sicher, das diese Entscheidung richtig war.“ „Ich werde alles unternehmen“, antwortete Marcus, „dass euch mit meiner Anwesenheit kein Schaden zugeführt wird.“ Mit dieser Ansprache gab sich die Familie zufrieden. Nach dem Frühstück besprachen die Männer das weitere Vorgehen. Sie kamen überein, dass Marcus sich noch einige Tage einleben kann und dann in die Geschäfte eingeführt werden sollte. Ihm was das sehr recht, diese Tage konnte er noch

[13] römischer Name von Trier

ungestört mit Diana verbringen. Lucius nahm seinen Sohn mit zum Forum mit dem Hinweis, dass Diana noch die restliche Zeit nutzen sollte, um Marcus die Begebenheiten der Stadt und dem weiteren Umland zu zeigen. Dieser machte einen innerlichen Luftsprung, besser konnte es für ihn nicht laufen. Es war wieder ein sonniger Morgen und die beiden schlenderten durch die Stadt. Diana zeigte ihm die wichtigsten Anlaufstellen für die täglichen Bedürfnisse. Auch die Abläufe in den öffentlichen Thermen, als Reisender aus der Zukunft war natürlich alles neu für ihn. Zwischendurch blieben sie öfters stehen und sahen sich in die Augen. Das Band der Zuneigung wurde immer stärker zwischen beiden und sie genossen ihre gemeinsame Zeit. „Das sind die schönsten Tage meines bisherigen Lebens", flüsterte Diana, „ich hoffe, das du für immer bei uns bleibst." „Das ist auch mein Gedanke", gab er leidenschaftlich zurück, „wenn ich in deiner Nähe bin, dann könnte ich die Welt aus den Angeln heben." Am Nachmittag kamen sie am Amphitheater vorbei und Marcus wurde schlagartig bewusst, dass er von einer Normalität weit entfernt war. Die Gedanken an seine Eltern und an Sarah kamen wieder hoch und er merkte, dass er in einem großen Zwiespalt gefangen war. Hier, im Sand der Arena war eine Entscheidung für ihn getroffen worden, auf die er keinen Einfluss nehmen konnte. Aber er hatte sich auf dem Fürstenberg vorgenommen, das neue Leben anzugehen und Diana machte es ihm leicht. Marcus schüttelte die aufkommenden Gedanken beiseite und ging mit Diana zum nächsten

Stadttor. Sie spazierten durch blühende Wiesen und Felder und trafen auf einen Gutshof. Hier studierte Marcus die gesamte Anlage und war erstaunt, was für ein emsiges Treiben hier herrschte. Diana machte Anstalten zum Weitergehen, für sie war das alles normal. Der Weg führte sie in einem großen Bogen in Richtung Stadt, die schon von weitem sichtbar wurde. Während sie nebeneinander daherschlenderten, berührten sich öfters ihre Handrücken, es schien beiden nicht unangenehm zu sein. Plötzlich ergriff Diana mit ihrer Handfläche seine Hand und hielt sie sanft gedrückt. Marcus schlug das Herz bis zum Hals und drückte seinerseits sanft zurück. Dabei sahen sie sich in die Augen und es herrschte eine stumme Übereinstimmung. Gemeinsam wandelten sie, wie auf Rosen gebettet, auf dem Weg in die Stadt und lösten die körperliche Verbindung kurz vor dem Tor. Keiner sollte schon erfahren, wie es um die beiden bestellt war.

In den nächsten Wochen waren beide täglich unterwegs und das Band zwischen ihnen wurde immer enger. Wenn sie außerhalb der Stadt waren, suchten sie sich gelegentlich Stellen aus, wo sie niemand beobachten konnte. Hier lagen sie sich in den Armen und küssten sich leidenschaftlich. Lucius Familie bekam von all dem nichts mit, weil die beiden es vermieden, zu Hause ihre Zuneigung zu zeigen. Der letzte Tag nahte, weil Marcus am nächsten Morgen seine Ausbildung beginnen sollte. Deshalb traurig verließen beide nach dem Frühstück die Stadtvilla und begaben sich gleich auf den Weg in die Nähe des Gutshofes, der in den Wiesen vor der Stadt lag. In einiger Entfernung des Gutes hatten sie in der letzten Woche eine kleine Lichtung entdeckt, die mit dichten Sträuchern umgeben war. Beiden war klar, dass sie hier ihren vorerst letzten gemeinsamen Tag verbringen würden. Sie setzten sich ins Gras und schauten sich lange an. Dann brach Diana das gemeinsame Schweigen: „Wie soll es nun weitergehen. Ich werde unsere Ausflüge und dich noch mehr vermissen, wenn du täglich bei meinem Vater arbeitest. Wir sollten in nächster Zeit bei passender Gelegenheit meine Eltern informieren, wie es um uns steht.“ „Ich überlege auch schon die ganze Zeit“, antwortete Marcus, „aber was wird deine Familie denken, das ein Fremder ihre Tochter begehrt. Ich liebe dich sehr und kann mir nichts Schöneres vorstellen, dich zu meiner Frau zu nehmen.“ Nach diesen Worten umarmte ihn Diana und presste ihre Lippen leidenschaftlich auf seinen Mund. Sie küssten sich eine lange Zeit bis Diana flüsterte: „ Ich will gerne deine Frau werden und kann mir ein schöneres Leben ohne dich nicht mehr vorstellen. Wenn die Zeit dafür reif ist, werde ich meine Eltern überzeugen, dass sie ihre Tochter in gute Hände geben würden.“ „Auch ich setze alles daran, dass wir beide zusammenkommen“, seufzte Marcus, „meine Arbeit, meine Zuverlässigkeit deiner Familie gegenüber und was sonst noch nötig ist.“ Dann nahm er sie in seine Arme und bedeckte ihr Gesicht liebevoll mit zärtlichen Küssen und Diana drückte ihn noch fester zu sich. Nach unendlich langer Zeit lagen beide im Gras und schauten in den blauen Himmel. Sie sprachen davon, wie ihr Zusammenleben aussehen könnte und das beide auch Kinder haben möchten. Zufrieden über diese Zukunftsaussichten machten sie sich glücklich auf den Heimweg.

Die nächsten Wochen wurden ziemlich stressig für Marcus. Es gab viel zu lernen über Stoffe und Geschäftsbeziehungen und Marcus tat sein Bestes, um sich in die Materie einzuarbeiten. Es fiel ihm leicht, die Zusammenhänge zu begreifen und Lucius lobte ihn mehrere Male für seine schnell erworbenen Kenntnisse. Auch Livius zollte ihm Respekt, kein Angestellter hatte sich in der Vergangenheit so schnell einarbeiten können. Marcus verschwieg natürlich sein Allgemeinwissen. Bei seinem Abitur, fast zweitausend Jähre später, hatte er als einer der Besten abgeschnitten. Täglich begegnete er auch Diana, die beiden sprachen unverfänglich im Beisein der Familie. Aber sie nutzten jede Gelegenheit, sich heimlich zu treffen. Ein gemeinsamer Blick in die Augen sprach mehr als tausend Worte.

„Am nächsten [14]Saturni gibt es wieder eine Veranstaltung im Amphitheater“, sprach Lucius beim Abendessen, Marcus war mittlerweile jeden Tag dazu eingeladen, „wir werden den Tag dort verbringen und anschließend den Abschluss von Marcus Ausbildung feiern.“ Er konnte kaum glauben, dass er die Gelegenheit bekam, die so genannten „Brot und Spiele“ des römischen Reiches kennen zu lernen. Alle Menschen aus seiner Zeit würden dieses Spektakel nie real sehen

[14] römischer Name für den Samstag

können. Nach dem Essen kam Livius zu ihm und sprach: „Wir hatten bis jetzt keine Möglichkeit, uns persönlich zu unterhalten. Ich lade dich ein, mit mir ein Tabernae zu besuchen, um ein paar Becher [15]Mulsum zu uns zu nehmen. Dabei können wir uns näher kennen lernen. Während deiner Ausbildung fehlte die Zeit dafür, außerdem war ich ja geschäftlich des Öfteren ein paar Tage unterwegs." „Ich folge gern deiner Einladung, es ist mir wichtig, ein gutes Miteinander mit dir aufzubauen", erwiderte Marcus und beide machten sich auf den Weg. Im Atrium begegneten sie Diana, sie schaute beide an und in ihrem Gesicht war ein zustimmendes Lächeln zu sehen. Unterwegs kamen sie ins Gespräch und Livius sagte unvermittelt: „ Seitdem du bei uns lebst, habe ich eine Veränderung bei meiner Schwester festgestellt. Täglich so gut gelaunt bin ich gar nicht von ihr gewohnt. Wenn du dann noch in ihre Nähe kommst, dann strahlen ihre Augen. Ich denke, sie hat ein Auge auf dich geworfen." Marcus überlegte kurz und erwiderte: „ Deine Schwester ist eine bezaubernde Frau und ich habe sie in mein Herz geschlossen." Livius schaute ihn kurz von der Seite an, just in diesem Moment standen sie vor dem Eingang der Tabernae. „Lass uns eintreten", räusperte sich Marcus, „ich werde dir all deine Fragen beantworten." Der Schankraum war fast voll besetzt, nur in der hintersten Ecke war noch ein Tisch mit zwei Stühlen frei. Zielstrebig hielten beide darauf zu und bestellten zwei Be-

[15] gewürzter Wein

cher Wein, der Wirt stand zufällig am Nachbarstisch. Die Geräuschkulisse im Schankraum war erschreckend hoch, viele Gäste waren beim Würfelspiel und der Alkohol verfehlte nicht seine Wirkung. Es wurde laut geschimpft und gelacht und gelegentlich brachen Freudenrufe aus, wenn jemand beim Würfelspiel gewonnen hatte. „Ich habe es mir fast gedacht“, begann Livius, „meine Eltern haben keinen Sinn dafür, aber mir ist euer gegenseitiges Verhalten schon aufgefallen. Zuerst dachte ich an eine Sympathie zwischen euch beiden, aber nach längerer Zeit habe ich erkannt, dass da mehr ist. Deshalb habe ich dich vorhin darauf angesprochen und danke dir jetzt für deine Ehrlichkeit.“ „Es tut mir leid“, erwiderte Marcus, „wir hätten wenigstens dich über uns aufklären müssen, aber wir hatten solche Angst, dass alles missverstanden wird. Wie darf ich als Fremder derart in eine Familie eindringen und mich in dieser Form der Tochter nähern? Es hat uns beide überrannt und wir konnten nichts dagegen tun.“ Livius ließ die Worte einige Zeit auf sich einwirken, sah dann Marcus an und sprach: „ Ich werde nicht gegen die Gefühle meiner Schwester handeln. Aber ich erwarte von dir, dass du sie nicht unglücklich machst. Da du schon längere Zeit bei unserer Familie weilst, habe ich dich als ehrlichen Menschen kennen gelernt und hoffe, dass du mich nicht enttäuschst. Wenn du weiterhin dein Leben so führst, bin ich auf eurer Seite. Ich mag dich auch und kann mich dich als Mitglied der Familie in angemessener Zeit gut vorstellen.“ Marcus bedankte sich für die Einstellung von Livius zu seiner Person und versprach, niemanden in der Familie jemals in ihren Gefühlen zu verletzen. Der Abend verlief nach dieser Aussprache ziemlich locker und beide kamen sich näher. Außenstehenden kam es vor, dass hier zwei Brüder am Tisch saßen und sich wohl viel zu erzählen hätten.

Diana war erfreut über die Einstellung ihres Bruders zu ihrer Beziehung zu Marcus. So oft es möglich war, trafen sich beide, um die zukünftigen Möglichkeiten für sie beide zu besprechen. Einige Tage später, der Saturni kündigte sich mit strahlendem Sonnenschein an, wirkte die Stadt wie ein Bienennest. Die Strassen waren voller Menschen, denn heute Vormittag begannen die Spiele im Amphitheater. Die Schauspiele übten eine ganz besondere Anziehungskraft auf die Römer aus, weil sie dann von den Sorgen des Alltags abgelenkt wurden. Marcus hatte viel über die Grausamkeiten der Spiele erfahren und war dennoch hingerissen, das Schauspiel mit eigenen Augen zu sehen. Mit gemischten Gefühlen schloss er sich der Familie an und gemeinsam führte sie ihr Weg zu den Tribünen.

Da Lucius in der Stadt sehr viel Ansehen besaß, war ihnen ein bestimmter Platz in der untersten Reihe der Tribünensitze zugewiesen. Hier konnte man aus geringer Nähe die Kämpfe beobachten. Marcus nahm Platz und sein Blick richtete sich in die Mitte der noch leeren Arena. Hier erwachte er eines Morgens vor einigen Monaten, die Zeit kam ihm gefühlt, viel länger vor, und er dachte zuerst an einen schlechten Traum. Aber er hatte das neue Leben angenommen und versuchte, das Beste daraus zu machen. Die Erinnerung an das, was er verloren hatte, geriet immer mehr in den Hintergrund. Mehrere Fanfarenstösse rissen ihn aus seinen Gedanken, die Gladiatoren traten in diesem Moment unter Beifall des Publikums in die Arena ein. Sie stellten sich in einer Reihe auf und riefen: „ [16]Ave Cäsar, morituri te salutant." Der Statthalter, Präfekt Aulus Plautius, eröffnete nach einer kurzen Pause die Spiele mit den Worten: „ Möge der Beste gewinnen. Zuerst werden zwei zum Tode verurteilte Mörder den Löwen übergeben. Sie haben ihr Leben verwirkt, weil sie in unserer Stadt eine Kaufmannsfamilie ausgeraubt und dann getötet haben." Marcus wurde es leicht übel bei diesen Worten. Zum ersten Mal in seinem Leben sollte er zuschauen, wie zwei Menschen auf schreckliche Art ihr Leben verlieren würden. Aber er sagte sich, da muss ich durch, sonst bin ich aufgefallen. Nachdem die Gladiatoren die Arena verlassen hatten, wurden die Verurteilten in die Arena geführt. Sie drückten sich schutzsuchend an eine Mauer und blickten angstvoll nach allen Seiten. Plötzlich öffnete sich ein Gitter und zwei Löwen mit riesigen Mähnen rasten in die Arena. Ihr Brüllen ließ sogar das Publikum erzittern. Es trat jetzt eine unheilvolle Stille ein und die Löwen witterten die beiden Unglücklichen. Den Raubtieren hatte man wohl einige Zeit ihr Futter vorenthalten und hungrig schlichen sie lauernd auf die beiden zu. Angsterfüllt und schreiend liefen sie an der Mauer entlang, denn

[16] Heil dir Cäsar, die Todgeweihten grüßen dich

ohne Waffen waren sie den Tieren hilflos ausgeliefert. Das Publikum schrie vor Begeisterung, die Löwen wurden dadurch noch aggressiver. Sie sprangen die beiden Unglücklichen an und ein Biss in die Kehlen beendete beider Leben. Dann zerrten sie an den leblosen Körpern, bissen sich Arme und andere Gliedmaßen ab und kauten genüsslich das Fleisch ihrer Opfer. Das Publikum schrie vor Begeisterung und Marcus hatte Mühe, sich nicht vor allen Leuten zu übergeben. Sein Blick wanderte gelegentlich zu Diana. Auch ihr war anzusehen, dass ihr diese Grausamkeiten nicht gleichgültig waren. Der Rest der Familie war begeistert. Es war ein Gemeingut der Römer und war deshalb auch Normalität für sie. Nach einer angemessenen Zeit, die Zuschauer erwarteten jetzt die Tierkämpfe, wurden die Löwen in ihre Käfige getrieben und die Arena gesäubert. Wieder hörte man das Klappern von Käfigtüren, und unter Beifall stoben zwei Stiere in die Arena. Der Lärm setzte sie in Angriffsstimmung. Sie scharrten ihre Hufe im Sand und würden über jeden herfallen, der sich ihnen in den Weg stellte. Aus einem Nebeneingang traten nun zwei [17]Venatores in die Arena. Sie waren je mit einem Jagdspeer bewaffnet und umrundeten die beiden Stiere. Die Tiere sahen eine Gefahr auf sich zukommen, senkten ihre spitzen Hörner und sprengten auf die Venatores zu. Das Publikum hielt den Atem an und sie hofften auf eine blutige Auseinandersetzung. Die geschulten Kämpfer sprangen im letzten Moment

---

[17] speziell geschulte Tierkämpfer

zur Seite und stießen ihre Speere in die seitliche Bauchregion der Tiere. Brüllend vor Schmerz stoppten sie abrupt in ihrem Lauf und wendeten sich den Jägern zu. Ein Stier war völlig angeschlagen, der Speer saß tief in seinen Eingeweiden, Blut tropfte aus seinen Nüstern. Der andere war nur leicht verwundet. Ein Tierkämpfer hatte nur kurz zugestoßen und den Speer zurückgezogen. Der leicht verletzte Stier raste in Richtung des Kämpfers, der nun ohne Waffe war. Irritiert von diesem Ausgang versuchte er auszuweichen, aber das Tier war schneller. Er wurde mit den Hörnern aufgespießt und durch den Sand der Arena geschoben. Schreiend vor Schmerz versucht er, zu entkommen, aber der Stier warf ihn mit seinen Hörnern mehrmals in die Luft. Mittlerweile quoll das Eingeweide aus seinem Körper und der Stier ließ ab von seinem toten Widersacher. Zeitgleich konnte der andere Venator den vorher verletzten Stier mit einem gezielten Speerstoß in die Herzgegend töten. Das Publikum raste wieder vor Begeisterung, dieser Kampf war das, was sie erwartet hatten. Jetzt feuerten sie den noch unverletzten Venatores an, den verbleibenden Stier zu bekämpfen. Geschockt von dem unerwarteten Tod seines Mitkämpfers stand er in der Mitte der Arena und überlegte sein nächstes Vorgehen. Der Stier nahm ihm seine Überlegung ab und stürmte jetzt in seine Richtung. Viel zu spät hob er den Speer, der Stier war schon über ihm. Im letzten Moment konnte er den Speer von unten tief in die Eingeweide des Tieres stoßen. Sterbend fiel der Stier auf seinen Körper und drückte den Kämpfer dabei zu Tode. Auf den Rängen wurde es plötzlich still, keiner hatte mit diesem Ausgang gerechnet. Doch dann erhob sich der Jubel in der Menge, in ihren Augen schien es ein außergewöhnlicher Kampf zu sein. Bis zum Mittag waren noch drei Tierkämpfe angesagt, aber Marcus hatte vorerst die Nase voll von diesen für ihn grauenhaften Schauspielen. Zu Lucius gewandt sprach er: „Ich gehe nach draußen, um mir eine Erfrischung zu holen, wer von euch möchte mich begleiten?“ In seiner Frage lag die Hoffnung, dass Diana mitgehen würde. Livius erkannte den Wunsch von ihm und sprach: „Vater, lass Diana ihn begleiten, ich weis, dass sie solche Kämpfe nicht mag.“ „Ich bin einverstanden“, erwiderte Lucius“, eure Plätze sind sowieso für euch reserviert.“ Dankbar erhoben sich beide und strebten dem Ausgang zu. „Endlich sind wir für einige Zeit raus aus der Arena, das sind ja grauenhaften Tierkämpfe“, sprach Diana unterwegs, „ich habe auch dir angesehen, dass dir diese Ereignisse unangenehm sind. In diesem Fall fühlst du so wie ich.“ Er nahm sie an die Hand und meinte: „Wir haben in vielen Dingen die gleichen Ansichten. Das sagt mir, dass wir zusammen gehören und als Paar eine vollkommene Harmonie in jeder Hinsicht bilden.“ Diana sah verliebt in seine Augen und nickte zustimmend.

Wegen den Spielen waren rund um die Arena Verkaufsbuden aufgebaut, darunter auch einige Garküchen. Die beiden lenkten ihre Schritte zu einer der Küchen und bestellten sich je eine Gemüsesuppe und dazu einen verdünnten Wein. Sie achteten nicht auf die Begeisterungsrufe und Schmerzensschreie, die aus der Arena zu ihnen drangen, sondern hatten jetzt nur noch Augen für sich. Endlich wieder allein. In der letzten Zeit war es selten dazugekommen. „Das ist gut, dass Livius schon auf unserer Seite steht“, begann Marcus, „er kann sicher auf deine Eltern Einfluss nehmen.“ „Da bin ich mir ganz sicher, wir beide haben seit unserer Kindheit immer zusammen gehalten“, antwortete Diana, „ich habe ihm schon vermittelt, dass er meinen Vater langsam auf unsere Liebe vorbereitet.“ „Wir müssen uns in Geduld üben“, meinte Marcus, „irgend wann werden wir so weit sein, um zu heiraten.“ „Ich freue mich auf diesen Tag mein Liebster und kann es kaum erwarten“, war ihre Antwort. Aus der Arena hörten sie die Worte des Präfekten, dass nun die Gladiatorenkämpfe beginnen würden. „Wir müssen zurück gehen“, meinte Marcus jetzt, „sonst fallen wir durch eine längere Abwesenheit auf und dein Vater würde unangenehme Fragen stellen.“ Diana pflichtete ihm bei und sie begaben sich auf ihre Sitzplätze zurück. Die Familie aber saß gelassen auf ihren Plätzen und schaute mit Spannung in die Arena. Mittlerweile standen sich zwei Gladiatoren gegenüber und musterten sich feindselig von oben nach unten. Da Marcus sich viel mit der römischen Geschichte beschäftigt hatte, konnte er die Gladiatorengattung gleich zuordnen. Es handelte sich um Murmillos, bewaffnet mit Kurzschwert, einem Helm mit Gesichtsschutz, einem großen Schild und je einem Armschutz und eine Beinschiene. „Der dunkelhäutige ist Anicetus, ein Kämpfer aus Africa“, erklärte

Lucius, „er ist für seine Schnelligkeit bekannt. Dadurch konnte er schon viele Kämpfe gewinnen." Marcus musterte den zweiten Kämpfer und erwiderte: „Der andere scheint mir sehr muskulös zu sein und könnte dadurch den Kampf gewinnen." „Das ist Pallas", gab Lucius zurück, „ein Mann aus Germanica. Seine starken Schwerthiebe sind sehr gefürchtet, aber sein Gegner wird es wissen." „Das wird sicher für heute der beste Kampf werden", meinte Lucius, „die beiden Besten stehen sich jetzt gegenüber." Mit gemischten Gefühlen dachte Marcus an den nun folgenden Zweikampf, der für einen der Kämpfer sichertödlich enden würde.

Von den Zuschauern war durch die Anspannung kein Laut zu hören, jeder wartete nun darauf, wer als erster den Angriff begann. Wie aus dem Nichts machte Anicetus jetzt einen Ausfallschritt und sein Schwert sauste dem Gegner zwischen Kopf und linke Schulter. Durch diese schnelle Finte parierte Pallas viel zu spät mit seinem Schild und wurde an der Schulter verwundet. Mit einem Aufschrei hieb er jetzt pausenlos mit seinem Schwert auf den Gegner ein. Dieser wisch geschickt aus, ein Treffer würde ihn niederstrecken. Der Gegner versuchte durch seine Kraft den Kampf für sich zu gewinnen. Man hörte nur das Schlagen der Schwerter auf die Schilde und sah die Kämpfer wie Tanzende in der Arena. Der Sand stob in alle Richtungen und die Zuschauer tobten auf ihren Sitzen. Pallas kam mit der Zeit außer Atem und seine Bewegungen wurden langsamer. Darauf hatte Anicetus gehofft und brachte jetzt einen Schwerthieb auf den Schildarm seines Gegners an. Durch diese Wunde konnte Pallas seinen Schild nicht mehr halten und ließ es in den Sand fallen. Das nutzte Anicetus blitzschnell aus und bohrte sein Schwert in den Unterleib seines Gegners. Pallas blieb noch kurz stehen, sah seinem Gegner ungläubig in die Augen und sank dann tödlich verletzt in den heißen Sand. Das Publikum raste vor Begeisterung, lange hatten sie auf einen solchen Kampf gewartet. Lucius und sein Sohn waren voller Begeisterung aber Marcus bekam Magenschmerzen, vor seinen Augen war heute wieder ein Mensch zu Tode gekommen. Auch für Julia und Diana waren diese Kämpfe zu brutal. Er ergab sich jetzt in sein Schicksal und hoffte, dass dieser Tag schnell zu Ende ging. Auch die beiden Frauen dachten ähnlich.

Am späten Nachmittag nach dem letzten Kampf sprach Präfekt Aulus Plautius zu dem Publikum: „Ich hoffe, der heutige Tag hat euch viel Freude bereitet und ich werde noch in diesem Jahr einen weiteren Tag in der Arena veranstalten.“ Das Publikum brachte laut ihre Zustimmung zum Ausdruck und wälzte sich dann zu den Ausgängen. Bei diesem Stimmenwirrwarr war eine Unterhaltung unmöglich, deshalb versuchte Lucius Familie, so schnell wie möglich den Menschenmassen zu entkommen. Außerhalb der Reichweite der Arena wurde es ruhiger und Lucius sprach: „Ich habe von unseren Küchensklaven schon Vorbereitungen für ein Festmahl treffen lassen. Wie versprochen, feiern wir heute noch den Abschluss von Marcus Ausbildung.

Ab der nächsten Woche muss er zeigen, was geschäftlich in ihm steckt.“ Marcus war es unangenehm, für heute Abend der Mittelpunkt zu sein, trotzdem freute er sich auf den bisherigen Verlauf der Dinge.

Das Essen war wieder einmal eines 5 Sterne Kochs würdig. Marcus konnte sich nicht erinnern, jemals so gut gespeist zu haben. Nach dem Essen saß die ganze Familie zusammen und Lucius erhob das Wort: „Mit Freuden nehme ich dich jetzt in unsere Geschäfte auf. Am kommenden [18]Lunae wirst du zeigen müssen, was du alles gelernt hast. Auch ist mir und meiner Frau nicht unbekannt geblieben, dass du dich mit meiner Tochter gut verstehst. Auch Livius hat bei uns schon einige Andeutungen gemacht. Wenn du dich weiterhin als guten Freund in unserer Familie verhalten wirst, dann sehen wir keinen Grund, dich in angemessener Zeit als den Mann für unsere Tochter aufzunehmen.“ Bei Marcus und Diana stieg die Röte in ihre Gesichter, niemals hatten sie diesen Ausgang für den heutigen Abend erwartet. „Livius, ich danke dir für die Vorsprache bei deinen Eltern“, und zu Lucius gewandt, „ich danke dir für dein Vertrauen zu meiner Person und werde dich niemals enttäuschen. Das, was du mir gibt's, gebe ich dir doppelt und dreifach zurück. Ich gelobe es im Namen meiner unbekannten Eltern, die ich sehr vermisse!“ „Wir wollen gern deine neue Familie sein“, sprach Lucius weiter, „und hoffen, dass du hier angekommen bist.“ Diana war nicht fähig, sich am

[18] Montag

Gespräch zu beteiligen, zu groß war ihr Glück über diese schnelle Wendung. Julia ergriff ihre Hände zur Beruhigung und gemeinsam folgten sie den weiteren Gesprächen. Marcus war klar, dass in der Römerzeit die Frauen solche Entscheidungen den Männern überlassen mussten. Jetzt ergriff Livius das Wort und sagte: „Ich freue mich für meine Schwester und nehme dich als meinen Bruder in unserer Familie auf. Du wirst geschäftlich öfters auf Reisen sein und unterwegs lauern viele Gefahren. Deshalb bringe ich dir das Reiten und Kämpfen bei, damit du meine Schwester später nicht zur Witwe machst." Marcus ließ kurze Zeit alle Worte auf sich einwirken und sprach dann: „Ich bedanke mich nochmals bei allen hier im Raum und werde für die Familie und das Geschäft alles unternehmen, um das Beste zu ermöglichen!" Mit einem Seitenblick zu Diana wandte sich Lucius an Marcus: „Ich sehe am Gesicht meiner Tochter, dass sie sich gerne mit dir zurückziehen würde, um die gemeinsame Zukunft mit dir zu besprechen. Nimm sie an die Hand und geht in unseren Garten! Da könnt ihr in aller Ruhe euer weiteres Leben planen. Den Tag eurer Hochzeit bestimmen wir in nächster Zeit, wenn die Sterne günstig stehen." Diana sprang aufgeregt von ihrem Hocker und lief freudestrahlend zu Marcus. Er nahm sie gleich bei der Hand, dann gingen sie verliebt in Richtung Garten. Beide nahmen Platz auf dem Brunnenrand und schauten sich lange Zeit nur in die Augen, ihre Blicke sprachen mehr als tausend Worte. Der laue Spätsommer bescherte ihnen einen sternklaren Abend. Die Grillen zirpten, der süße Geruch der Blumen drang in ihre Nasen, Marcus fühlte sich wie im siebten Himmel.

Irgendwann unterbrach er die einvernehmliche Stille und flüsterte: „Die Glücksgöttin Fortuna ist auf unserer Seite, ich hätte nie gedacht, das wir so schnell zusammenkommen.“ „Ja, mein Liebster“, hauchte sie ihm ins Ohr, „ich danke allen Göttern, dass wir uns getroffen haben. Tag und Nacht denke ich an dich und würde dich am liebsten nicht mehr loslassen. Deine Küsse rauben mir den Atem und machen mich willenlos. Ich möchte für immer in deinen Armen liegen!“ Marcus schwanden die Sinne bei diesem Geständnis. Zärtlich nahm er ihr Gesicht in beide Hände und küsste sie mit der ganzen Liebe seines Herzens. „Oh!“, hauchte sie einmal während des Küssens, „lass uns so schnell wie möglich Hochzeit feiern, ich sehne mich so nach dir.“ Aber um Dianas Eltern nicht zu enttäuschen, gab er ihr zu verstehen, dass jetzt jeder seine Kammer aufsuchen müsse. Ohne eine vollzogene Ehe durften sie nicht so lange die Einsamkeit im Garten suchen.

An seinem ersten Arbeitstag bekam Marcus die Aufgabe, die Stoffrollen im Lager nach Qualität und Farbe einzuordnen. Dann bediente er im Beisein von Livius einen Stammkunden namens Petronius. Dieser besaß ein großes Landgut vor der Stadt, Marcus war bei seinen Ausflügen oft daran vorbeigekommen. „Ich brauche blauen Stoff für zehn Tuniken und roten mit guter Qualität für zwei Togas“, äußerte er seine Wünsche, „ihr seht ja, dass meine Toga ihre besten Tage hinter sich gelassen hat.“ „Vor einigen Tagen ist uns ein guter

Stoff in Rot geliefert worden“, beeilte sich Marcus zu sagen, „der wird dir sehr gut gefallen. Den blauen Stoff haben wir immer auf Lager, er hat sich als zuverlässig erwiesen.“ „Das freut mich zu hören“, erwiderte Petronius, „ich bin von euren Stoffen nie enttäuscht worden.“ Livius begleitete Marcus ins Lager und lobte ihn für das erste Verkaufsgespräch. Er überwachte seine Arbeit und war zufrieden, wie Marcus die Stoffe aussuchte, zurechtschnitt und somit den Kunden zufrieden stellte. Mit den Worten: „Ich bin wie immer bei euch gut beraten worden!“, verabschiedete sich Petronius und verließ mit guter Laune die Geschäftsräume. „Deine Arbeit und deine Kenntnisse sind hervorragend“, lobte ihn Livius am Abend, „wenn es so weitergeht, wirst du ein weiterer Fels in unserer Familie sein!“ Die Arbeit im Geschäft und der Unterricht von Livius über Selbstverteidigung beanspruchten Marcus in ungewohnster Weise und ließen ihm wenig Zeit, um mit Diana etwas zu unternehmen. Lucius bemerkte diesen Umstand und befreite ihn an den Wochenenden von allen geschäftlichen Angelegenheiten. An einem dieser Tage, der Herbst war schon im Begriff, dem Winter Platz zu machen, bereitete sich das Paar für einen Tagesausflug vor. Am frühen Morgen verließen sie die Stadtvilla und gingen Hand in Hand Richtung Nordtor. Die Stadtbewohner sahen ein verliebtes Paar auf der Straße, die sich angeregt unterhielten. „Endlich haben wir etwas Zeit für uns alleine“, sprach Diana, „ich habe unsere Ausflüge sehr vermisst. Deine Arbeit ist natürlich wichtig, aber ich bin auch noch da.“ „Es ist mir auch schwer gefallen“, erwiderte Marcus, „ich habe darunter gelitten, dass wir zu wenig Zeit füreinander hatten. Meine Arbeit ist wichtig für unsere gemeinsame Zukunft, da waren wir uns einig.“ „Ich weis, mein Liebster“, gab Diana zurück, „aber ich denke, nach unserer Hochzeit wird vieles besser werden.“ Kurz vor dem Nordtor blieb Marcus stehen und wies auf eine freie Fläche: „Hier wäre der Platz, wo wir uns später ein kleines Stadthaus bauen könnten. Ich werde mal deinen Vater fragen, ob dieses Grundstück zu erwerben ist.“ „Das ist eine gute Idee“, sprach Diana, „hier würde ich mich mit dir wohl fühlen. Wo wir jetzt wohnen, ist es teilweise ziemlich laut.“ „Ich kümmere mich darum, vielleicht haben wir ja Glück“, antwortete Marcus. Außerhalb der Stadt war keine Menschenseele zu sehen, in dieser kälteren Jahreszeit blieben die meisten Menschen in ihren warmen Behausungen. Aber die beiden hatten von der Kleidung her vorgesorgt und genossen die Einsamkeit. An einer Baumgruppe blieben sie stehen und küssten sich leidenschaftlich. Wie lange schon hatten sie darauf verzichten müssen? Sie nahmen sich sehr viel Zeit für ihre Küsse und Umarmungen, zu Hause wäre das nicht möglich gewesen. Mit den Gedanken, es kann nur noch besser werden, schlenderten sie verliebt auf dem Rundweg weiter, der sie irgendwann wieder an das Südtor zurückbrachte. Kurz davor kamen sie an dem Gutshof vorbei, dessen Besitzer von Marcus an seinem ersten Arbeitstag bedient wurde. Just in diesem Moment kam Petronius an das Einlasstor, er hatte wohl jemand erwartet. „Ich grüsse dich Diana!", und zu Marcus gewandt, „ich danke dir noch mal für deine gute Beratung und außerdem vermutet man in unseren Kreisen, das bei euch beiden demnächst eine Hochzeit ansteht." „Ja, die Vermutung trifft zu", bemerkte Marcus, „du kannst uns viel Glück wünschen." „Man merkt euch an, dass ihr sehr verliebt seid. Fortuna wird auf eurer Seite sein und meine Glückwunsche sind euch in jedem Fall sicher", mit diesen Worten verabschiedete sich Petronius und ging zu seinem Wohnhaus zurück. „Da siehst du mal, wie wir auf andere wirken", sagte Diana liebevoll, „wir sind füreinander bestimmt." Marcus stimmte ihr zu, küsste sie zärtlich auf den Mund, dann gingen beide frohgelaunt weiter. Nach einiger Zeit betraten sie ihre Lichtung, in der sie früher ihre Zweisamkeit gefunden hatten. Marcus packte den mitgebrachten Proviant aus und beide kauten genüsslich die mit Kräuterkäse belegten Fladenbrote. „Wir benehmen uns schon wie ein altes Ehepaar", sprach Diana kauend, „ich habe das Gefühl, das wir uns viele Jahre kennen würden." „Das ist ein gutes Zeichen", antwortete Marcus, „wir sind einfach füreinander bestimmt". Mit diesem Wissen verbrachten sie den Rest des Tages und kamen in der Dämmerung zu Hause an.

Die nächsten Wochen rasten im Eiltempo so dahin und Marcus war mittlerweile ein sprichwörtlich alter Hase in geschäftlichen Dingen und begeisterte Lucius immer wieder aufs Neue. Auch war Marcus in der Zwischenzeit dank Livius zu einem guten Reiter und Kämpfer geworden, seine Selbstsicherheit konnte er dadurch enorm steigern. Seine freien Zeiten hatte er mit Diana verbracht, infolge dessen war ihr Band nur noch enger geworden. Zwischenzeitlich hatte sich herausgestellt, dass das freie Grundstück am Nordtor dem Gutsbesitzer Petronius gehörte und man war sich einig über einen Kauf geworden. Laut Aussage von Petronius wollte er am Glück des Paares beteiligt werden. Eines Tages sprach Lucius nach dem Abendessen: „Marcus hat meine Erwartungen voll und ganz erfüllt. Deshalb bin ich bereit, auch mit Zustimmung von Julia und Livius, jetzt euren Hochzeitstag festzulegen!“ Die Freude bei dem Paar war unübersehbar. Weiter sagte er: „In zwei Wochen, an den [19]Iden des Februarius, feiern wir eure Hochzeit. Wir treffen bis dahin alle Vorbereitungen, es soll nämlich ein schöner Tag für euch werden!“ In den folgenden Tagen bis zur Hochzeit waren Marcus und Diana in bester Stimmung. Es konnte sie nichts mehr aufregen, sie standen ganz gelassen über allen Dingen. Am Hochzeitstag begann in der Frühe eine Eingeweideschau nach altem Brauch und das Ergebnis war günstig ausgefallen. Dann reichte sich das Paar jeweils die rechte Hand und der Ehevertrag wurde in Anwesenheit von Zeugen verlesen. Danach opferten beide den Göttern am Hausaltar und baten um Gesundheit und ein glückliches Leben. Jetzt kam Marcus schlagartig in sein Bewusstsein, das an diesem Tag seine Eltern nicht dabei sein konnten. Sie wären stolz auf sein jetziges Leben mit der schönen

---

[19] der 15. Februar

Frau an seiner Seite gewesen. Aber sein Schicksal hatte sich aus unerklärlichen Gründen anders für ihn entschieden. Aber in Gedanken ließ er seine Eltern an der Hochzeit teilhaben. Seine ehemalige Freundin Sarah aus seinem früheren Leben war schon zu sehr in den Hintergrund gerückt.

Nun erfolgte das Hochzeitsmahl. Lucius hatte dazu auch Geschäftsfreunde eingeladen, die meisten von denen kannte Marcus schon. Petronius war einer der ersten Gäste, der ihnen gratulierte: „So glücklich, wie ihr beide ausseht, wird eure Zukunft gesichert sein. Auch bin ich froh, euch das Grundstück am Nordtor verkauft zu haben. Da könnt ihr euer eigenes Reich aufbauen!“ Nach diesen Worten ging er zu Lucius, er hatte wohl Fragen zu neuen Lieferungen. Die ausgelassene Feier dauerte bis zum späten Abend. Nach all den vielen Glückwünschen und Lobreden waren die beiden froh, als sich die letzten Gäste verabschiedet hatten. Lucius hatte in den letzten Wochen vor der Hochzeit den rechten Wohntrakt vor dem Haupthaus räumen lassen. Danach hatte Diana mit ihrer Mutter und mit Hilfe der Sklaven schöne Wohnräume für sich und Marcus eingerichtet. Marcus war begeistert gewesen, als Diana ihm das Ergebnis gezeigt hatte.

Nachdem alle Gäste das Haus verlassen hatten und die Familie ihnen von Herzen kommend, eine schöne Nacht wünschte, suchten die beiden ihr Schlafgemach auf. Im Zimmer angekommen, entkleideten sie sich gegenseitig ganz behutsam. Dann küssten sie sich zärtlich eine lange Zeit auf Mund, Hals und Oberkörper.

Nach einiger Zeit setzte sich Diana auf die breite Liege, nahm seine Männlichkeit in ihre Hände und ließ ihn langsam durch ihre zarten Finger gleiten. Marcus schloss die Augen und ließ sie gewähren. Dabei steigerte sich seine Lust ins Unendliche, deshalb zog er seinen Unterkörper von ihr zurück. Er wollte nicht vorzeitig zu seinem Höhepunkt kommen. Diana legte sich nun auf den Rücken und deutete ihm mit ihren Rehaugen an, sich zu ihr zu legen. Noch nie in seinem Leben hatte er bei einem nackten Frauenkörper gelegen und seine Hände erkundeten die schönen und zarten Rundungen seiner Frau. Zum ersten Mal in seinem jungen Leben wurde er mit der körperlichen Liebe konfrontiert, etwas Schöneres konnte es auf der Welt nicht geben. Behutsam streichelten seine Hände ihre festen kleinen Brüste und massierten mit Daumen und Zeigefinger ihre Brustwarzen. Ein lautes Stöhnen war die Antwort. Dann glitt seine Hand tiefer und er streichelte ihren Unterkörper. Ihr Stöhnen wurde lauter und Diana zog ihn auf ihren Körper. Sie war bereit, ihn zu empfangen. Marcus gleitete sanft in sie ein, was ihr einen tiefen Seufzer entlockte. Dann bewegten sich beide in immer schneller werdenden Rhythmus und kamen dann gleichzeitig zum Höhepunkt. Erschöpft legten sie sich danach nebeneinander und schauten sich glücklich an. „Unsere Liebe ist in jeder Hinsicht vollkommen“, hauchte Diana, „mit dir habe ich mein schönstes Glück gefunden!“ „Auch ich danke allen Göttern, dass mich mein Schicksal zu dir geführt hat“, gab Marcus leise zurück. Die aufkommende Müdigkeit ließ sie daraufhin Hand in Hand sanft einschlafen. Am nächsten Morgen erschrak Marcus, weil er auf dem Stofflaken Blut entdeckte. Diana klärte ihn auf und Marcus war darüber sehr erleichtert.

Am späten Vormittag, es war [20]Solis, gingen sie ins Haupthaus, um mit der Familie zu frühstücken. Sie wurden freudig erwartet und Julia bemerkte erwartungsvoll: „Ich hoffe, dass ich in nächster Zeit einen Enkel habe!“ Die beiden Angesprochenen lächelten sich an und Diana erwiderte: „Wir werden daran arbeiten, um dich glücklich zu machen.“ Julia sprach weiter: „Heute kommt meine Schwester Letitia mit ihrem Mann Silanus zur Nachfeier eurer Hochzeit zu Besuch. Die beiden führen einen kleinen Gutshof bei [21]Gelduba. Sie wollen unbedingt Marcus kennen lernen, bei meinem letzten Besuch in Gelduba habe ich von euch beiden erzählt.“

Marcus war schon öfters in Krefeld mit seinen Eltern gewesen, durch Zufall lebte dort auch eine Schwester von seiner Mutter. Bei diesen Gelegenheiten hatte er mehrmals die dortige Ausgrabungsstätte und das Museum aufgesucht. Jetzt war er gespannt auf dieses Treffen und nahm sich vor, diesen Ort später aufzusuchen. Er wollte unbedingt diese Gegend erkunden, wie es damals, also heute aussehen würde. „Wo sind deine Gedanken?“, schubste Diana ihn leise an mit einer Vermutung, „auch mir geht unsere erste gemeinsame

---

[20] Sonntag

[21] heutiges Krefeld-Cellep

Nacht nicht aus dem Kopf, aber es werden noch viele folgen!“ „Ja, meine Liebste, ich freue mich sehr auf die kommende Zeit!“ Zur Mittagszeit traf der angekündigte Besuch ein und Marcus wurde von den beiden herzlich begrüßt. Die Mahlzeit zog sich durch die vielen Gespräche bis zum Abend hin, Marcus war begeistert über die offene Art der Verwandten. Er wurde auch von ihnen als Familienmitglied aufgenommen, seine Zielstrebigkeit kam bei der gesamten Familie gut an. Jetzt konnten die beiden auch offen ihre Zuneigung zeigen. Lucius dachte im Stillen, dass seine Wahl damals die Richtige war, er hatte sich nicht in Marcus getäuscht. Zu später Stunde mahnte er zur Beendigung der Nachfeier mit dem Hinweis, dass morgen ein neuer Arbeitstag beginne. Dem Besuch wurde ein Zimmer zugewiesen, dann suchten alle ihre Schlafräume auf. Marcus und Diana freuten sich auf ihre zweite Nacht und gingen eng umschlungen in ihren Wohntrakt. Während sie sich beide ihrer Kleidung entledigten fragte Diana unverhofft: „Mir ist aufgefallen, dass du ab und zu einen Armreif trägst, auf dem die Gestirne abgebildet sind. Hat dieser Schmuck für dich eine besondere Bedeutung?“ Marcus überlegte fieberhaft, was er seiner Frau antworten sollte, er konnte ihr ja nicht die Wahrheit sagen. Wie sollte er ihr in diesem Zeitalter die Funktionsweise einer Armbanduhr erklären. Dann kam ihm ein Geistesblitz und er sprach: „Der Armreif ist ein altes Erbstück aus meiner Familie, das einzige, was mir von meiner Kindheit geblieben ist!“ „Dann verstehe ich, warum du so daran hängst“, antwortete sie mitfühlend und zog ihn gefühlvoll auf ihr Nachtlager.

Der nächste Tag begann für Marcus mit sehr viel Arbeit. Lucius hatte ihm aufgetragen, heute die Arbeit im Geschäft allein zu bewältigen. „Ich fahre mit Livius nach Gelduba“, hatte er während des Frühstücks verfügt, „deshalb wirst du allein im Geschäft die Verkäufe tätigen! Wir begleiten unsere Verwandten nach Hause. Auf dem Nachbarsgutshof von Silanus werden Schafe zur Herstellung von Wolle gezüchtet. Vielleicht können wir mit dem Handel von Wolle unsere Geschäftsbeziehungen erweitern.“ Mit gemischten Gefühlen, stellte er sich dieser Aufgabe, aber er hatte sich umsonst Gedanken darüber gemacht. Es lief gut und die Kunden waren zufrieden. Diana kam zwischendurch zu Besuch und lobte ihn für seine gute Arbeit. „Meinen Vater wird es freuen“, sprach sie zu ihm, „du hast dich ja bestens eingearbeitet. Auch ich bin sehr stolz auf dich.“ „Das liegt allein an dir“, gab er leise wegen der anwesenden Kunden zurück, „wegen dir könnte ich Berge versetzen.“ „Ohh“, gab sie ebenso leise zurück, „unsere Liebe macht eben alles möglich!“ Als sich Lucius am Abend über den Verlauf des Tages erkundigte, war auch er voll des Lobes über seine gute Arbeit. Nach dem Abendessen sprach Livius ihn an: „Ich hätte Lust, mit dir in unser Stammtabernae zu gehen, um einiges los zu werden.“ Diana war es recht, sie freute sich über das gute Verhältnis zwischen den beiden. In der Schankstube war am Wochenanfang wenig los, deshalb nahmen sie Platz an einem ruhigen Ecktisch.

„Ich glaube, dass ich mich verliebt habe", begann Livius. Marcus wurde sofort neugierig und fragte ihn nach Einzelheiten. „Ich habe heute die Tochter von Haldavo kennen gelernt. Er ist der Gutshofbesitzer mit der Schafzüchtung. Während unserer Gespräche betrat sie plötzlich den Raum, um ihren Vater etwas zu fragen. Er stellte sie uns gleich als seine Tochter Sabina vor. Sie hatte blonde, lange Haare, die ihr bis zur Hüfte fielen. Ein einnehmendes Auftreten und ein melodischer Klang in ihrer Stimme ließ mich die Zeit rundum vergessen. Ich hatte nur noch Augen für sie und war nicht fähig, an der Unterhaltung unserer Väter weiter teilzunehmen. Darum gab ich deshalb vor, kurz nach draußen zu gehen und begleitete Sabina, als sie den Raum verließ. Im Hof führten wir ein anregendes Gespräch und versprachen, uns in kurzer Zeit wieder zu treffen." „Das sind ja gute Neuigkeiten", warf Marcus ein, „wenn dich die Liebe wie der Blitz getroffen hat, dann kannst du fühlen, wie es mir bei deiner Schwester ergangen ist." „Ja, das stimmt. Ich muss Sabina unbedingt wieder sehen", sprach Livius fast zu sich selbst, „sie schwirrt mir seitdem in meinem Kopf herum." „Ich sehe dich als meinen Bruder an und gebe dir jede Unterstützung, die du brauchen kannst", sprach Marcus mitfühlend, „auf mich wirst du dich immer verlassen können!" Sie überlegten gemeinsam die weitere Vorgehensweise und nach ihrer Rückkehr erzählte Marcus seiner Diana von den neuesten Ereignissen. Sie war begeistert und meinte zu ihm: „Ich habe mir schon längere Zeit so meine Gedanken gemacht, dass mein Bruder noch keine Frau bis jetzt gefunden hat. Wenn ihm das gleiche Glück zufällt, wie es uns ergangen ist, dann sind meine Gebete erhört worden."

Marcus hatte Livius versprochen, das er und Diana ihn am nächsten Saturni nach Gelduba begleiten würden. Livius fand einen Vorwand, um das Gut von Haldavo wieder aufzusuchen. Der besagte Tag brach an und die drei fuhren mit einem leichten Reisewagen zu dem Gutshof zu Livius erster Liebe. Die Eltern der Geschwister waren überrascht, dass die drei so plötzlich eine Ausfahrt unternahmen. Marcus war gespannt, was ihn in dieser Gegend erwartete. Er war die ganze Zeit noch nie weiter außerhalb der Stadt gewesen. Die Fahrt verlief auf der gut ausgebauten Strasse fast schnurgerader Richtung Süden, immer in der Nähe am Rhein entlang. Unterwegs sah er kleine Siedlungen und mehrere Gutshöfe. Es war nicht zu vergleichen mit der Neuzeit. Alles wirkte fremd aber dennoch viel schöner auf ihn ein. Er hatte sogar das Gefühl, dass die Luft sauberer sei, die er einatmete. Das liegt wohl daran, dachte er bei sich, dass es ja in der Römerzeit weit und breit keine Industriefirmen gibt, die die Luft verschmutzen. Kurz vor dem Ziel stellte er fest, das die Stadt Krefeld noch nicht vorhanden war. Nur die Siedlung Gelduba und das dazugehörige Kastell waren zu sehen. Der Rhein lag noch in seinem alten Bett und die Gebäude grenzten an sein Ufer. Er konnte es kaum glauben, was er bis jetzt gesehen hatte. Keine Bundesstraßen, keine Verkehrsschilder und die fehlenden Orte, die er alle namentlich kannte. Es kam ihm alles so unwirklich vor, aber das war jetzt die reale Wirklichkeit. Laut einer persönlichen Studie, die er vor einiger Zeit durchgeführt hatte, war die Bevölkerungsdichte hier in den letzten zwei Jahrtausenden um das 30-fache gewachsen. Kein Mensch aus dem zwanzigsten Jahrhundert würde je die Möglichkeit haben, diese Dinge so zu sehen wie ich jetzt, waren seine Gedanken. Livius riss ihn aus seinen Überlegungen und sprach aufgeregt: „Da vorne ist der Gutshof, wir sind gleich da!“ Sie fuhren in den Hof und Haldavo kam überrascht zum Reisewagen, er hatte mit ihrem Kommen nicht gerechnet. „Wir hatten in deiner Gegend etwas zu erledigen“, log Livius, „und bei dieser Gelegenheit wollte ich meiner Schwester und ihrem Mann unseren neuen Lieferanten für Wolle vorstellen.“ „Das ist aber eine Freude“, gab Haldavo zurück, „kommt bitte in mein Haus, dass wir uns in Ruhe unterhalten können! Meine Frau Poppäa wird auch jeden Augenblick kommen.“ Im [22]Tablinum angekommen, wurde den Gästen Mulsum gereicht und es entstand eine rege Unterhaltung. Plötzlich trat Sabina mit ihrer Mutter in den Raum und man sah ein frohes Lächeln in Sabinas Gesicht, als sie Livius erblickte. Haldavo bemerkte die Verwandlung seiner Tochter und schien darüber erfreut zu sein. Seine Frau machte einen wissenden Eindruck, Sabina hatte sich ihr wohl anvertraut. „Ich habe eine Veränderung bei Sabina seit eurem letzten Besuch festgestellt und jetzt sehe ich auch den Grund dafür“, bemerkte Halda-

---

[22] Wohnraum, wo man auch Gäste empfing

vo, „deshalb ist Livius in meinem Haus jederzeit willkommen.“ Marcus und Diana sahen, dass die beiden ganz verlegen wurden und Marcus meinte: „Vielleicht sollte man den beiden die Gelegenheit geben, sich in Ruhe besser kennen zu lernen.“ „Ich habe nichts dagegen einzuwenden“, lächelte Haldavo, „die beiden können sich im Garten unter vier Augen unterhalten. Ich habe Sabina so erzogen, dass sie ihre Entscheidungen selbst treffen kann.“ Erfreut über dieses Angebot verließen die beiden das Tablinum. Jetzt hatte Marcus die Gelegenheit, Haldavo über das Leben in Gelduba auszufragen und dieser gab ihm bereitwillig Auskunft über ein Leben in der Römerzeit. Außerdem erfuhr er auch, dass Colonia Ulpia Traiana vor über sechzig Jahren von Kaiser Trajan gegründet wurde. Ein guter Freund des Kaisers, namens [23]Romulus, wäre wohl an der Planung beteiligt gewesen. Jetzt wusste Marcus genau, in welcher Zeit er sich befand. Diana hörte interessiert zu, aber einige Fragen von Marcus blieben ihr unverständlich. Sie wollte ihn bei passender Gelegenheit danach fragen. Am späten Nachmittag verabschiedeten sich die drei von Hadalvo und seiner Familie mit der Übereinkunft, dass Livius in Kürze wieder kommen dürfte.

Auf der Heimfahrt sprudelte es aus Livius nur so heraus: „Sabina und ich empfinden das Gleiche füreinander. Wir haben ausgemacht, dass ich sie regelmäßig besuche, um unsere Zuneigung zu vertiefen.“ „Ich

---

[23] siehe mein Buch: Der Römer aus Pompeji

kann es nicht fassen“, sprach Diana, „meinen Bruder hat es voll erwischt. Ich habe noch nie erlebt, dass er sich jemals in eine Frau so verliebt hat.“ Zu Hause angekommen, fragten Livius Eltern neugierig nach dem Ablauf des Ausfluges. Nachdem Livius ihnen den wahren Grund erklärt hatte, kam bei den beiden eine gewisse Freude auf. Sie hatten sich schon Sorgen gemacht, dass ihr Sohn keine passende Frau finden würde.

In den kommenden Wochen wurde Marcus immer sicherer in allen Geschäftsabläufen. Deshalb war er gelegentlich nur mit den Sklaven im Verkauf und im Lager, weil Lucius auf Reisen war und Livius sich auf dem Weg nach Gelduba befand. Diana besuchte Marcus fast täglich, denn sie wollte in der Nähe ihres geliebten Ehemanns sein. Auch das gemeinsame Leben in ihrem Wohntrakt war weiterhin harmonisch, ihre Liebe war ein Leben in Harmonie. Langsam wurden die Tage heller und der Frühling hielt Einzug in das Land. Am darauf folgenden Saturni sprach Diana während des gemeinsamen Frühstücks mit der Familie zu Marcus: „Mein Liebster, heute würde ich gern wieder eine unserer Wanderungen durchführen, weil für mich der Frühling die schönste Zeit des Jahres ist!“ Livius kam Marcus zuvor mit einer Antwort und meinte: „Heute Vormittag kommt Sabina mit ihrem Vater zu Besuch, dann könnten wir zu viert diese Wanderung unternehmen.“ Marcus war damit einverstanden und Diana sagte begeistert: „Darauf freue ich mich. Dann habe ich endlich die Gelegenheit, Sabina besser kennen zu lernen." Wenig später traf der Besuch ein und die Paare waren sich gleich einig, den Tag gemeinsam zu gestalten. „Geht nur", sprach Lucius, „ich habe während eurer Abwesenheit sowieso mit Haldavo einiges zu besprechen." Dieser nickte zustimmend, sagte aber: „Seid rechtzeitig zurück, ich möchte nicht gerne spätabends zurückfahren! Es gibt immer wieder Räuberbanden, die die Dunkelheit für ihre Überfälle nutzen."

Mit der Zusage für Haldavo verließen die beiden Paare die Stadtvilla und gingen in angeregter Unterhaltung Richtung Südtor. „Das wurde auch mal Zeit", begann Sabina das Gespräch, „Livius hat mir so viel von euch beiden erzählt, dass ich unbedingt eure Nähe suchen musste!" „Ja, wir haben dich schon bei unserem ersten Treffen in unser Herz geschlossen, „erwiderte Diana, „Marcus und ich würden dich gern in unsere Familie aufnehmen, wir haben schon darüber gesprochen!" „Zwischen mir und Livius hat Fortuna mittlerweile ein starkes Band geknüpft", öffnete sich Sabina mitteilend, „wir haben beschlossen, unser Leben gemeinsam zu verbringen." Die beiden Männer hörten wohlwollend zu und Livius bestätigte dann die Aussage seiner Angebeteten. Mittlerweile ließen sie das Südtor hinter sich und kamen nach einiger Zeit am Legionslager Vetera II vorbei. „Hier ist die Legio XXX Ulpia Victrix seit über vierzig Jahren stationiert", bemerkte Lucius, „wir haben zwar im Moment eine friedliche Zeit, aber sie geben trotzdem ein Gefühl der Sicherheit für unsere Stadt." Wie wahr, dachte Marcus, ich kenne ja die ganze Geschichte und weiß, wie es in der Zukunft weitergeht. Auch kamen ihm wieder seine Eltern in den Sinn. Er war wohl laut seiner Rückrechnung fast ein Jahr in der Vergangenheit, die Zeit schien für ihn im Eiltempo abgelaufen zu sein. „Mein Liebster, an was denkst du im Moment“, sprach Diana ihn seitlich an, „du machst ein bekümmertes Gesicht.“ „Ich denke an meine alte Heimat“, gab er zurück. Welche er damit meinte, Rom oder Xanten? konnte er seiner Liebsten nicht offenbaren. „Sieh nur“, sprach Diana weiter, „die beiden Verliebten vor uns bleiben immer wieder kurz stehen und küssen sich. Das erinnert mich an die erste Zeit unseres Kennen Lernens.“ „Es war eine schöne Zeit“, erwiderte Marcus, „und mittlerweile ist eine tiefe Zuneigung bei uns beiden daraus geworden.“ Diana besiegelte seinen Satz mit einem langen, zärtlichen Kuss und dann beeilten sie sich, die beiden anderen einzuholen. Sie hatten die Richtung zum Fürstenberg eingeschlagen, wo sie auf den Mauerresten des ehemaligen Legionslager Platz nahmen. Sie genossen die wärmenden Strahlen der Sonne auf ihrer Haut und ließen die momentane Ruhe auf sich einwirken. Es wirkte alles so friedlich, der Gesang der Vögel und die frischen Frühlingsfarben in der Natur taten ihr Übriges dazu. Jeder von ihnen hängte seinen Gedanken nach. Da unterbrach Sabina die Stille: „Es ist so schön, mit euch den Tag zu verbringen. Livius hat nicht zu viel versprochen, als er mir von euch beiden berichtete.“ „Hoffentlich werden sich unsere Väter einig“, sprach dann Livius, „heute sprechen sie über die Vorbereitungen zu unserer Hochzeit. Sabina und ich möchten gerne in nächster Zeit heiraten, darin sind wir uns schon länger einig!" Sabina sah ihn mit einem verliebten Blick an und meinte: „Mein Liebster, ich kann es kaum erwarten, mit dir endlich jeden Tag gemeinsam unser Leben zu verbringen!" Marcus und Diana schauten sich viel sagend an und beide sagten gleichzeitig: „Es gibt nichts Schöneres!" Kurze Zeit später brachen sie auf und wanderten gemächlich in einem großen Bogen zur Stadt zurück. Hadalvo wartete schon bereits auf die Ankömmlinge und sprach zu Livius: „Mit deinem Vater ist alles besprochen, in nächster Zeit werdet ihr heiraten können." Sabina verabschiedete sich mit einer liebevollen Umarmung von Livius, dann begaben sich Vater und Tochter auf den Heimweg. Die Väter waren übereingekommen, dass die Hochzeit an [24]den Iden des Junius, das wäre in zehn Wochen, stattfinden sollte. Da Sabina das einzigste Kind von Hadalvo war, sah Lucius in Gedanken schon für später einen Gutshofbesitz in seiner Familie. Seinem Sohn ließ er sowieso freie Hand für persönliche Entscheidungen, die Wahl von ihm sah Lucius als gute Fügung für seine Familie an.

---

[24] der 15. Juni

Die Zeit der Bewährungen

Der Arbeitsalltag nahm wieder Einzug am nächsten Morgen und Lucius bestellte seinen Sohn und Marcus zu einer Besprechung. „Ihr beide werdet morgen zu Clarus nach Mogontiacum reisen! Er hat mir durch einen Boten mitteilen lassen, dass er feines Leinen aus Ägyptus auf Lager hat. Seht euch die Waren an und bringt mir einen Ballen mit zur Prüfung. Dabei kannst du Marcus das Wesentliche für einen guten Einkauf zeigen.“ Beide waren begeistert, gemeinsam auf die Reise zu gehen. „Jetzt wird sich zeigen, was du für solche Unternehmungen bei mir gelernt hast“, sprach Livius, „ langes Reiten und Gefahren rechtzeitig erkennen, das ist das Wichtigste!“ „Du warst ein guter Lehrmeister“, erwiderte Marcus, „unsere erste Reise wird zeigen, was ich bei dir gelernt habe.“ Als Marcus abends Diana erklärte, dass er morgen mit Livius nach Mogontiacum reisen würde, war sie sehr bestürzt. „Mein Liebster, bitte gehe jeder Gefahr aus dem Weg, ich habe Angst um dich wegen dieser Reise“, sprach sie und nahm ihn in die Arme. Marcus konnte sie beruhigen mit dem Hinweis, das Livius mit seiner Erfahrung etwaige Gefahren erkennen würde.

Früh am nächsten Morgen ritten beide los, die Sonne schien vom wolkenlosen Himmel als ein gutes Omen. Bis Gelduba kannte sich Marcus schon aus. Er fragte sich, wie die weitere Römerstrasse bis Mainz aussehen würde? Auf die Städte wie Neuss, Köln, Koblenz und Bingen war er sehr gespannt. Wie mochte die Landschaft jetzt aussehen und verlief die Römerstrasse immer in der Nähe des Rheins vorbei? „Du musst immer deine Augen offen halten“, riss Livius ihn aus seinen Gedanken, „so gedankenverloren, wie du jetzt reitest, könnte im Ernstfall deinen Tod bedeuten!“ „Du hast Recht, es wird nicht wieder vorkommen“, erwiderte er. Sie ritten weiter Seite an Seite und Livius sprach nur noch von seiner bevorstehenden Hochzeit. „Ich habe schon mit meinem Vater abgesprochen, dass wir im gleichen Wohntrakt bei euch einige Räume beziehen“, berichtete er, „ dann können Sabina und meine Schwester vieles gemeinsam unternehmen, während wir arbeiten“. Marcus fand diese Entscheidung für eine gute Idee, war aber wieder abgelenkt, weil mittlerweile die Umrisse von Köln zu sehen waren. So groß hatte er sich die römische Stadt nicht vorgestellt. Sie war von Steinmauern umgeben und beim Näher kommen stellte er fest, das das Umfeld mit einigen Gutshöfen bebaut war. Diese dienten wohl der Versorgung der Grundnahrungsmittel. Livius mahnte zur Eile, wegen seiner Ortskenntnisse wollte er im Kastell [25]Remagus die Nacht verbringen. Hier gab es eine [26]Mansio, in der gutes Essen gereicht wurde. Die Strecke führte weiter am Rhein vorbei, Marcus staunte über den regen Verkehr. Reisewagen, Fuhrwerke, Reiter und Fußgänger, alle strebten nach irgendwelchen Zielen hin. Er erinnerte sich an die Gedanken, die bei der ersten Reise

[25] Remagen

[26] römische Herberge

nach Gelduba durch seinen Kopf schwirrten, alles wiederholte sich. Am Steinkastell [27]Bonna waren sie auch schon vorbei und Livius drängte jetzt zur Eile, er wollte vor Einbruch der Dunkelheit in Remagus ankommen. Marcus sehnte das Ziel herbei, er war das lange Reiten noch nicht gewohnt. Sein Rücken schmerzte und auch sonst spürte er alle Knochen, auch da, wo normalerweise keine waren.

Der Schankraum war zu dieser Stunde brechend voll und Livius hatte Schwierigkeiten, den Wirt Arpus für ihre Bestellung

beiseite zu holen. Dieser erkannte ihn als alten Kunden wieder und gab den beiden das letzte Zimmer, welches noch frei war. Hungrig, wie sie waren, nahmen sie an einem kleinen Tisch in der Ecke Platz und fragten Arpus nach einer Mahlzeit. „Ich kann euch heute einen Lammeintopf mit Brot anbieten, dazu könnt ihr einen Becher Mulsum trinken. Es wird euch hervorragend schmecken.“ Livius bestellte und sprach dann zu Marcus: „Ich bin schon öfter hier eingekehrt und das Essen war immer köstlich. Der Wirt ist selbst ein Feinschmecker, man merkt es an der Zubereitung!“ Während des Essens lobte Marcus die Küche mehrmals und sagte anschließend: „Du hast mir nicht zuviel versprochen, es schmeckt hier hervorragend. Das nenne ich mal einen guten Abschluss für den heutigen Tag. Wann werden wir denn morgen in Mogontiacum ankommen?“ „Ich denke, gegen Nachmittag“, meinte

[27] Bonn

Livius, „da kenne ich eine gute Mansio, unser Stoffhändler Clarus ist da auch öfters anzutreffen. Hoffentlich können wir ein gutes Geschäft mit ihm abschließen!“ Der Genuss von Mulsum machte beide so langsam müde und sie begaben sich auf ihr Nachtlager.

Früh am nächsten Morgen sattelten beide ihre Pferde und Marcus meinte: „Heute wird mir der Ritt sicher leichter fallen, es ist alles nur eine Sache der Gewöhnung!“ „Du hast dich bis jetzt gut im Sattel gehalten“, meinte Livius, „mein Unterricht hat dir viel geholfen.“ Weiter ging ihre Reise am Rhenus vorbei, die Frühlingssonne ließ den Fluss wie ein silbernes Band erscheinen. Marcus staunte über den regen Verkehr auf dem Wasser, er sah viele Fischerboote und gelegentlich war eine römische [28]Flußliburne zu sehen. Diese waren mit Legionären besetzt, weil auf dem Rhein öfters die beladenen Lastkähne von Germanen überfallen wurden. Auch galt der Fluss ab Rheinbrohl abwärts als nasse Grenze zu den Germanen auf der anderen Seite. Er war beeindruckt von der Farbenvielfalt des Schiffes und der Besatzung. Es kam ihm wie eine Urlaubsreise vor, so viel Neues gab es zu entdecken. [29]Confluentes hatten sie schon lange hinter sich gelassen und [30]Bingium lag jetzt vor ihnen. Marcus nahm das Kastell wahr, das auf einer Anhöhe in der Nähe vom Rhein und der Nahe entstanden war. Die Landschaft war

[28] römisches Kampfschiff, mit Rudern und Segel versehen

[29] Koblenz

[30] Bingen

nicht mit der zu vergleichen, die er kannte. Während seiner Schulzeit damals wurde auch eine Klassenfahrt als Schiffsausflug auf dem Rhein nach Mainz unternommen. Nie hätte er damals gedacht, in der Römerzeit hier entlang zu reiten. Livius riss ihn aus seinen Gedanken: „Jetzt kommt eine weite Ebene und die Gegend ist bekannt für Überfälle auf Reisende. Wir müssen wachsam sein!“ Marcus schluckte nervös, an mögliche Gefahren musste er sich noch gewöhnen. „Es dauert nicht mehr lange und wir sehen Mogontiacum schon aus der Ferne“, sprach Livius weiter, „dann hast du die erste Reise heil überstanden!“ Marcus fiel ein Stein vom Herzen. Er hatte viele Eindrücke in sich aufgenommen, aber an die Möglichkeit, überfallen zu werden, kam ihm erst jetzt in den Sinn. Kurze Zeit später konnte er das Kastell und die anliegende Zivilsiedlung schon erkennen. Seine Neugierde machte ihn ungeduldig, wie würde es jetzt dort aussehen. Die Wachen grüßten kurz, als beide das Stadttor passierten. „Wir reiten zuerst zu Clarus“, meinte Livius, „es ist schon spät, im Lager werden wir ihn sicher nicht mehr antreffen.“ „Du hast Recht“, erwiderte Marcus, „dann können wir für Morgen den Zeitpunkt unseres Treffens vereinbaren.“ Nach der Absprache mit Clarus ritten beide zur Mansio, hier war Livius auch durch seine Übernachtungen bekannt. Nach einem guten Mahl fielen beide müde auf ihr Lager. „So, dann zeige uns doch mal das besondere Leinen, das du uns per Boten mitgeteilt hast“, sprach Livius am nächsten Morgen zu Clarus, „ich möchte den Unterschied fühlen können!“

Nachdem er und Marcus sich von der Qualität überzeugen konnten, kaufte Livius zwei Ballen von der Ware zu einem guten Preis. Marcus hielt Augen und Ohren offen, Waren zu prüfen und gut zu verhandeln, das musste er noch lernen. Da sie auf ihrer Reise vorsichtshalber ein Packpferd mitführten, wurden die Ballen darauf verstaut. „Es ist immer schön, mit eurer Familie Geschäfte zu machen", sprach Clarus zum Abschied, „und grüsst euren Vater von mir!" Gut gelaunt ritten beide in den sonnigen Morgen hinein in Richtung Heimat. Das voll beladene Packpferd verlangsamte ihren Ritt, aber sie waren ja nicht in Eile. Nach einiger Zeit näherten sie sich der Gegend, die Livius gestern als gefährlich eingestuft hatte. Plötzlich sprangen vier Strauchdiebe aus einem Gebüsch, sie hatten es wohl auf das Packpferd abgesehen. Mit erhobenen Schwertern versuchten sie, die Reiter anzugreifen. Blitzschnell zog Livius sein Schwert und hieb einem Angreifer den Schwertarm ab. Dieser fiel heulend in den Graben und war außer Gefecht gesetzt. Marcus überwand seine Schrecksekunde und attackierte einen weiteren Dieb mit seinem Schwert. Die Übung fehlte ihm noch, deshalb wurde er leicht an seinem rechten Bein verwundet. Er ignorierte den aufkommenden Schmerz und hatte das Glück, dem Angreifer das Schwert vom Pferd aus in die Brust zu stoßen. Der tödlich verletzte Dieb sank mit weit aufgerissenen Augen zu Boden und hauchte sein Leben aus. Livius war dagegen ein erfahrender Kämpfer und konnte mittlerweile die beiden letzten Angreifer töten. Mit rasendem Herzen sprang

Marcus nun von seinem Pferd und setzte sich auf den Boden. Livius kam auch hinzu und setzte sich zu ihm. Nach einer Weile des Schweigens sprach Marcus: „Ich habe zum ersten Mal in meinem Leben ein Menschleben ausgelöscht. Ich weiß nicht, ob ich lachen oder weinen soll?" „So ist es mir auch beim ersten Mal ergangen", erwiderte Livius, „aber bedenke, du hast dein Leben verteidigt, oder möchtest du jetzt mit gebrochenen Augen im Staub liegen? Sei froh, dass ich dir das Kämpfen beigebracht habe, du wirst immer wieder in solche Situationen kommen. Außerdem bin ich stolz auf dich, deine erste Bewährung hast du gut überstanden!" Marcus schluckte einige Male und meinte dann: „Ich muss mich an dieses Leben erst noch gewöhnen." „Um unsere Familie nicht in Sorge zu bringen, erwähnen wir besser nichts von diesem Überfall", bemerkte Livius noch, „und deine Wunde solltest du als kleinen Unfall darstellen, dann werden sie beruhigt sein." Nachdem sie die toten Strauchdiebe hinter den Büschen abgelegt hatten, verband Livius die blutende Wunde von Marcus. Es war nur eine leichte Schnittwunde und behinderte ihn kaum in seinen Bewegungen. Danach bestiegen sie ihre Pferde und ritten schweigend weiter. Das Packpferd wurde von Livius an der Leine geführt und war unverletzt geblieben. Ohne weitere Überraschungen kamen sie am nächsten Tag spätnachmittags heil in Colonia Ulpia Traiana an. Wie groß war die Freude, als Diana ihren Liebsten in die Arme nehmen konnte. „Ich habe Tag und Nacht an dich gedacht", flüsterte sie leise in sein Ohr, „damit du wieder gesund zurückkommst. Ich habe nämlich eine schöne Überraschung für dich. Wir werden unser erstes Kind bekommen, ich trage es schon unter meinem Herzen!“ Marcus schwanden die Sinne ob dieser Neuigkeit. Er drückte seine Diana fest an seine Brust und hauchte ihr zu: „Das ist das schönste Geschenk, welches ich je in meinem Leben bekommen habe!“

Lucius überprüfte derweil die neuen Stoffe und war begeistert über die Qualität und die feine Struktur des Leinens. „Diese Ware wird sich gut verkaufen lassen“, meinte er dann, „wir sind hier die einzigen, die solch feine Stoffe anbieten können!“ Am Abend während des Essens hielt es Diana nicht mehr aus. Sie musste unbedingt ihren Zustand der Familie mitteilen. „Liebste Mutter, dein Wunsch ist erfüllt worden. Du wirst in sieben Monaten einen Enkel haben!“ In diesem Moment brachen alle Tischgespräche abrupt ab und Julia fiel beinahe von ihrem Speisesofa. Dann sprang sie auf, eilte zu ihrer Tochter und umarmte sie: „Den Göttern sei Dank, mein Wunsch ist erhört worden. Ich freue mich für euch beide, auch, dass ihr unserer Familie mit diesem Ereignis eine schöne Bereicherung geben werdet!“ Jetzt sprachen alle gleichzeitig durcheinander und Marcus musste einige Umarmungen über sich ergehen lassen. Als sie in ihrem Zimmer waren, bemerkte Diana beim Auskleiden die Wunde an Marcus Bein. Bestürzt fragte sie nach der Ursache. Mit den Worten: „Die habe ich mir im Lager von Clarus zugezogen“, konnte er sie beruhigen.

Die darauf folgenden Wochen zogen ins Land und Marcus wurde immer sicherer im Umgang mit Waren und Kunden. Er führte mit Diana ein erfülltes Leben und dachte nur noch ganz selten an sein altes zurück. Dennoch quälte ihn sehr der Verlust seiner Eltern. Livius war in jeder freien Zeit in Gelduba, auch das Band mit Haldavos Familie wurde immer enger. Sabina und er konnten es kaum erwarten, endlich Hochzeit zu feiern. Inzwischen richtete er gemeinsam mit Marcus und Diana die Räumlichkeiten für ihn und Sabina ein.

Der lang ersehnte Tag nahte endlich. Die Väter waren übereingekommen, das nach römischen Brauch der erste Tag der Hochzeit im Haus der Braut vollzogen würde und der zweite Tag im Haus des Bräutigams, weil dann die Braut in die Familie eingeführt wird. Am dritten Tag kommen traditionell die Freunde des Hauses für die Nachfeier. Früh am Morgen, es schien ein heißer Frühsommertag zu werden, fuhr die Familie in einem Reisewagen nach Gelduba. Livius rutschte vor lauter Aufregung auf seinem Sitz hin und her, die Fahrt erschien ihm viel zu lange. „Du musst dich in Geduld üben“, bemerkte sein Vater zwischendurch, „Sabina wird sicher nicht im letzten Moment davonlaufen.“ „Du hast gut reden“, erwiderte Livius, „wie hast du dich denn damals angestellt?“ Julia sah ihren Mann an und kicherte: „Dein Vater war in der gleichen Verfassung wie du jetzt. Er war so aufgeregt, dass er bei meinen Eltern über den Brunnen im [31]Atrium stolperte." Lucius sah verschämt zum Fenster hinaus und winkte mit einer Hand die Bemerkung seiner Frau als nichts sagend ab. Marcus und Diana sahen sich an und beide dachten das Gleiche. Es könnte ein lustiger Tag werden. Bei ihrem Eintreffen platzte das Gut von Haldavo schon aus allen Nähten. Verwandte und Geschäftsfreunde säumten das Atrium und das Tablinum. Auch Julias Schwester Letitia mit ihrem Mann waren mittlerweile eingetroffen. Livius stieg eilig als erster aus dem Reisewagen und sah Sabina auf der obersten Treppe am Eingang stehen. Sie erwartete ihn schon ungeduldig. In ihrer weißen Tunika und dem roten Schleier sah sie sehr verführerisch aus. Das hüftlange blonde Haar verstärkte zusätzlich die Wirkung. Livius blieb unwillkürlich stehen und flüsterte leise: „Ich danke den Göttern, dass diese Schönheit mich ausgewählt hat!" Dann schritt er majestätisch die Treppe hinauf und nahm sie an die Hand. Danach fand die übliche Eingeweideschau statt, die für die beiden eine gute Zukunft voraus sagten. Danach wurde der Ehevertrag aufgesetzt und den Brautleuten ein Band um die rechten Hände geschlungen. Nach dieser Zeremonie waren jetzt beide verheiratet. Haldavo hob nun seine Hand und brachte damit die Gäste zum Schweigen. Nach einem langen Blick auf seine Tochter begann er mit seiner Rede: „Wir haben unsere hübsche Tochter von Kind an auf ihr späteres Leben vorbereitet. Es war

[31] Mittelpunkt in einem römischen Haus

eine wunderbare Zeit, sie aufwachsen zu sehen. Meine Frau und ich sind traurig, dass sie jetzt unser Haus verlässt. Aber wir sind glücklich, dass sie einen guten Ehemann bekommt. Deshalb lasst uns mit dem Brautpaar den Tag lobpreisen!" Livius und Sabina nahmen danach die vielen Glückwünsche entgegen und eröffneten mit Freude die anschließende Feier. Sie dauerte bis spät in die Nacht mit gutem Essen und sehr viel Wein. Am nächsten Tag begaben sich die Familien mit mehreren Reisewagen nach Colonia Ulpia Traiana. Hier wurde die Braut in Lucius Haus eingeführt und die Feier ging weiter bis zum folgenden Tag.

Der Alltag hielt nun wieder Einzug in Lucius Familie und auch die Geschäfte vertrugen keinen Aufschub. Livius und Sabina bewohnten jetzt ihre Räume im rechten Wohntrakt neben Marcus und Diana. Die beiden Frauen verstanden sich wie Schwestern und unternahmen vieles gemeinsam, während ihre Männer sich um die Geschäfte kümmerten. Eines Tages nahm Lucius die beiden zur Seite und teilte ihnen mit: „Die bunten Stoffe der Treverer haben wir gut verkaufen können, der Vorrat geht zur Neige. Ich möchte, dass ihr übermorgen nach Augusta Treverorum reitet und mir zwei Ballen dieses Stoffes bringt!" Die beiden sahen sich freudig an, diese Abwechslung kam ihnen sehr gelegen. Als sie abends ihren Frauen von dem Auftrag erzählten, konnte man ihnen keine Begeisterung anmerken. Im Gegenteil, sie beklagten sich wegen der Gefahren auf dieser Reise und der Abwesenheit ihrer Männer. Bei Diana war mittlerweile ein kleines Bäuchlein zu sehen, deshalb redete sie eindringlich auf Marcus ein: „Bringe dich nicht in Gefahr! Ich möchte nicht, dass unser Kind ohne Vater aufwächst…..!“ „Wir sind gut aufeinander eingespielt“, warf Livius dazwischen, „wir gehen jeder Gefahr aus dem Weg und versprechen euch, gesund wiederzukommen!“ Die beiden Frauen waren weiterhin skeptisch aber sie sahen die Notwendigkeit für das Geschäft ein. Die Nacht der beiden Paare verlief sehr unruhig, bei den Frauen war an Schlaf nicht zu denken. Am nächsten Morgen gab Lucius den beiden frei. Sie sollten den Tag gemeinsam mit ihren Frauen verbringen, um ihnen die Angst zu nehmen. Eine Wanderung im Umland der Stadt brachte die Frauen wieder auf andere Gedanken. Nach vielen Küssen und Umarmungen am nächsten Morgen sattelten Marcus und Livius ihre Pferde und ritten in Richtung Süden. Das Packpferd führte Livius wieder an der Leine. „Wir übernachten wieder in Rigomagus“, sprach er unterwegs, „von da aus gibt es eine weitere Strasse, die uns nach Augusta Treverorum führt. Ich kenne den Weg, weil ich schon öfters da gewesen bin.“ „Ich kenne diesen Weg nicht“, erwiderte Marcus, „deshalb ist für mich alles neu.“ Während des Reitens hielten sie ihre Augen wegen der Gefahren offen und unterhielten sich über ihr Leben als Ehemänner und Kaufleute. Nach dem Aufbruch in Remagus ritten sie das Gebirge am Rhein hoch und kamen nach einiger Zeit an einer Siedlung vorbei. „Diese Siedlung heißt

[32]Megina und ist bekannt für seine Mühlsteine und Töpferwaren, die in [33]Antunnacum für das römische Reich verschifft werden", erklärte Livius, „die nächste Siedlung auf unserem Weg heißt [34]Vitellius. In dieser Gegend stehen auch viele landwirtschaftliche Gutshöfe, die auch Augusta Treverorum mit Lebensmittel versorgen." Jetzt wusste Marcus, wo er sich befand. Ihre Reise führte sie quer durch den Hunsrück bis hinunter ins Moseltal. Er kannte die Gegend aus seiner Zeit und war gespannt über das jetzige Aussehen. In Trier hatte er damals schon einen Studienplatz für Archäologie gefunden. Es ging ständig bergauf und bergab, der Hunsrück war ein zerklüftetes Land mit großen Waldgebieten. Seine Gedanken führten ihn in diesem Moment nach Xanten zurück. Seiner Zeitrechnung nach lebte er jetzt schon über ein Jahr in der Römerzeit. In diesem Zeitraum war für ihn so fiel Neues passiert, dafür hätte er in seinem alten Leben Jahre gebraucht. Die Archäologie, dieses Studium erlebte er jetzt hautnah von Tag zu Tag. Gegen Mittag rasteten sie kurz auf einer Anhöhe, als sie weit vor ihnen Kampf- und Schmerzensschreie wahrnahmen. „Wir müssen uns sofort eine Deckung suchen", raunte Livius hastig, „bevor unsere Gegenwart wahrgenommen wird!" Sie fanden eine dichte Hecke neben der Strasse und versteckten sich samt Pferde dahinter. „Wir haben unseren

[32] römischer Name von Mayen

[33] römischer Name von Andernach

[34] römischer Name von Wittlich

Frauen versprochen, jeder Gefahr aus dem Weg zu gehen“, sprach Livius weiter, „da vorne scheint ja ein Überfall stattzufinden.“ „Du hast Recht“, meinte Marcus, „warten wir ab, wie es weitergeht.“ Mit angstvoller Miene blickten sie in die Richtung, wo der wahrscheinliche Überfall stattfand. „Hoffentlich werden wir nicht entdeckt“, flüsterte Marcus nach einiger Zeit, „wir beide könnten gegen eine Überzahl nicht antreten!“ Livius murmelte zustimmend ein weiteres: „Hoffentlich!“ Plötzlich trat eine unheimliche Ruhe ein, der Kampf war wohl zu Ende. Sie warteten noch eine ganze Weile, weil sie nicht sicher waren, ob die Wegelagerer an ihnen vorbeikommen würden. Schließlich hörten sie, dass sich die Geräusche von Pferdehufen in die andere Richtung entfernten. Nach allen Seiten sichernd, wagten sie sich aus ihrem Versteck und schlichen die Strasse weiter zu dem möglichen Ort des Überfalls. Zuerst sahen sie einen umgestürzten Reisewagen. Daneben lagen in grotesker Haltung mehrere Personen. Bei der Untersuchung stellte sich heraus, dass es zwei Männerund eine Frau waren. Sie wiesen alle drei Hieb- und Stichwunden auf, die ihnen den Tod gebracht hatte. „Das gleiche Schicksal ist uns erspart geblieben“, meinte Livius sorgenvoll als sie ein schmerzerfülltes Stöhnen hörten. Einer der tot geglaubten Männer richtete sich ein wenig auf und röchelte leise einige Worte. Sie beugten sich über den Schwerverletzten, um ihn besser zu verstehen. Ein Blutschwall schoss jetzt aus seinem Mundwinkel aber er bemühte sich, etwas zu sagen: „Etwa zehn Barbaren sind über uns hergefallen. Mein Name ist Aulus Vettius aus Augusta Treverorum. Sagt meiner Familie……!“ Mit diesen letzten Worten und einem weiteren Blutschwall hauchte der Ärmste sein Leben aus. Die beiden sahen sich bestürzt an und Marcus sprach unverhofft: „Wir müssen seiner Familie Bescheid geben. Sie müssen wissen, was hier vorgefallen ist!“ „Das soll unsere erste Handlung sein, wenn wir die Stadt erreichen“, erwiderte Livius, „soweit ich mich erinnern kann, der Name kommt mir bekannt vor, ist der Tote ein reicher Weinhändler aus der Stadt. Seine Familie werden wir sicher finden!“ Nachdem sie die Toten seitlich der Strasse mit Zweigen abgedeckt hatten, ritten sie umso aufmerksamer weiter. In Marcus wühlte es in seinen Gedärmen. So viele Tote in seiner Nähe innerhalb eines Jahres wären in seinem früheren Leben nie möglich gewesen. Er musste sich damit abfinden, dass in dieser Zeit ein Menschenleben wenig bedeutete.

Vitellius lag am frühen Nachmittag schon hinter ihnen, jetzt ging es stetig bergab. Marcus staunte über die Anzahl der Gutshöfe, an denen sie vorbei ritten. Livius kannte sich also gut in der Gegend aus. „Es dauert nicht mehr lange, dann sehen wir das Tal, wo die Mosella fließt“, sprach Livius zwischendurch, „etwas weiter sehen wir dann auch schon die Umrisse von Augusta Treverorum!“ Marcus nickte, er kannte sich hier aus seiner Zeit aus, konnte aber seinem Weggefährten sprichwörtlich keinen reinen Wein einschenken. Die Sonne ging schon langsam im Westen unter, als beide das [35]nördliche Stadttor passierten. Livius ritt vorneweg, weil er den Weg zur nächsten Mansio kannte. Hier war er öfters für eine Übernachtung eingekehrt. Deshalb wurden sie vom Besitzer wie alte Bekannte begrüßt und von ihm sofort ein Zimmer zugewiesen. Als sie die Pferde versorgten, meinte Livius: „Wir werden uns jetzt ein gutes Essen servieren lassen. Dann müssen wir den Besitzer fragen, wo wir das Haus vom Weinhändler Aulus Fettius finden. Unsere Nachricht für seine Familie wird sicher viel Leid verursachen!“ „Einem Sterbenden können wir nicht seinen letzten Wunsch abschlagen“, erwiderte Marcus mitfühlend. Der Wirt konnte eine genaue Beschreibung abgeben, deshalb standen die beiden kurz nach dem Essen schon am Haus des Weinhändlers und begehrten Einlass. Nach mehrmaligem Klopfen öffnete sich das schwere Holztor und ein Sklave fragte nach ihren Wünschen. „Wir müssen dringend mit der [36]Domina sprechen“, antwortete Livius, „dein Herr hat uns geschickt.“ Der Sklave brachte sie ins Tablinum und nach kurzer Zeit kam eine ältere Römerin und fragte: „Es muss ja wichtig sein, so spät unser Haus aufzusuchen.“ Die beiden Weggefährten sahen sich an und überlegten, wie sie der Domina die schlechte Nachricht überbringen sollten. Dann fasste sich Marcus ein Herz und sprach mitfühlend: „Wir waren heute unterwegs in diese Stadt und fanden unverhofft die Stätte eines

[35] die Porta Nigra in Trier

[36] die Herrin in einem römischen Haus

Überfalls. Kurz vor seinem Tod nannte ein Sterbender seinen Namen und sein letzter Wunsch war, euch aufzusuchen. Deshalb sind wir hier!“ In diesem Moment wurde die Frau kreidebleich und sackte in sich zusammen. „Ohweh, Ohweh“, schluchzte sie, „mein Mann wollte bis heute Abend zu Hause sein, wir haben uns schon Sorgen gemacht. Ich bin Antonia, seine Frau. Erzählt mir, was vorgefallen ist!“ Die beiden berichteten von dem Überfall und wo sie die Toten finden würden. Danach herrschte große Stille im Raum bis Antonia weinend weiter sprach: „Wie kann ich euch meinen Dank zeigen? Vielleicht morgen Nachmittag zum Essen, dann sind auch meine Kinder Claudia und Vinicius da?“ Die beiden überlegten kurz und sagten dann der Einladung zu.

Am nächsten Morgen suchten sie den Treverer Fürsten Alpinius auf und kauften zwei Ballen bunte Wolle. Mit dem Hinweis, die Ballen am nächsten Tag abzuholen, verabschiedeten sie sich und versprachen, weiterhin mit ihm Geschäfte zu machen. „Wir haben noch Zeit, einen Rundgang durch die Stadt zu unternehmen“, bemerkte Livius, „hier gibt es zwei große Badethermen und ein Amphitheater. Ein Bad mit Massage und einsalben mit Öl würde uns gut tun.“ Marcus stimmte ihm zu, verschwieg aber, dass er die Stadt besser von ihrer langen Geschichte her kennen würde als Livius. Zum ersten Mal in seinem Leben genoss er die Freuden eines römischen Badetages und stellte fest, dass es in seiner Zeit diese Art Luxus in seiner Vielfalt nie gegeben hatte. Zur angebenen Zeit betraten beide ausgeglichen das Haus von Aulus Vettius und wurden gleich von seinen Kindern bestürmt. Diese fragten nach Einzelheiten des Überfalls und waren sehr bedrückt, ihren Vater verloren zu haben. Im Laufe des Tages waren die drei Leichen geholt worden und sollten morgen bestattet werden. „Unser Vater war mit zwei Freunden wie so oft in Bingium, um einige Weinbauer aufzusuchen“, erklärten sie, „bis gestern ist nie etwas passiert. Unser Dank gilt euch beiden, dass wir unseren Vater nach Hause holen konnten!“ Während des Essens bemerkte Marcus einen Steinbecher mit Achateinlage auf einem Möbelstück. Sofort waren seine Sinne hellwach, er hatte seine Gründe und fragte die Familie nach der Herkunft dieses Bechers. „Unser Vater war öfters in [37]Südgallien, weil uns Verwandte von dort beliefern“, sprach Vinicius, „nahe der Stadt [38]Arelate wohnt die Familie unserer Mutter, die uns diesen Becher zur Aufbewahrung mitgegeben hat.“ „Was ist daran so besonders?“, fragte Marcus nach, „das ist doch ein einfacher Steinbecher!“ „Das ist eine größere Geschichte“, fuhr Vinicius fort, „vor langer Zeit ist eine Frau namens Maria Magdalena aus Palästina nach Gallien geflohen, weil ihr Mann als Aufrührer in Jerusalem gekreuzigt wurde.“ Marcus wurde jetzt leichenblass bei dieser Aussage, die Bibeltexte wiesen eine andere Auslegung der Geschichte aus. „Erzähle weiter“, munterte er nun Vinicius auf, „ich

---

[37] Südfrankreich

[38] Arles

bin an dieser Geschichte sehr interessiert." „Und eben diese Frau brachte den Becher mit", sprach dann Vinicius, „weil der Hingerichtete, er hieß Jesus, sein letztes Abendmahl mit seinen Freunden genommen hat und dabei diesen Becher kreisen ließ. Die Familie meiner Mutter sagte uns, dass der Becher nicht in falsche Hände gelangen darf und ihn bei uns keiner vermutet. Auch, weil Jesus einen anderen Glauben verbreitete - es gibt nur einen Gott - werden im Moment alle verfolgt, die sich dieser Sache hingeben. Der Stellvertreter von Jesus, er hieß Petrus, wurde später in Rom gekreuzigt, aber mit dem Kopf nach unten!" Jetzt war Marcus hellwach und Livius bemerkte, dass sein Freund vor lauter Aufregung leicht zitterte. Ich muss ihn später fragen, warum er sich so verhält, dachte er bei sich. „Außerdem war die Geflohene, unsere Stammmutter, von Jesus schwanger und brachte in Gallien eine Tochter namens Sarah zur Welt", ergänzte Vinicius, „die wiederum eine Familie gründete und auch Kinder geboren hat. Ach ja, und ein Nachfahre von einem gewissen Josef von Arimathäa wollte irgendwann den Becher bei uns abholen und nach Britannien bringen." Das Essen war schon lange zu Ende, als sich die beiden verabschiedeten. Sie mussten der Familie versprechen, ihnen wieder einen Besuch abzustatten, wenn sie noch mal in der Stadt wären. Beide sagten natürlich zu und freuten sich auf ein Wiedersehen. Man merkte Claudia an, dass sie trotz ihrer Trauer wegen des verstorbenen Vaters an Livius sehr interessiert war.

„Jetzt muss du mir erzählen, warum dich die Geschichte von Jesus so aufregen konnte?“, fragte Livius unvermittelt unterwegs, „in einer solchen Verfassung habe ich dich noch nie erlebt.“ „Ich habe in Rom einige Kreuzungen mit ansehen müssen“, log Marcus, „deshalb hat es mich stark berührt.“ Mit dieser Antwort gab sich Livius zufrieden. Nachdem sie am nächsten Vormittag ihr Packpferd beladen hatten, ging es wieder in Richtung Heimat. Unterwegs ließen sie doppelte Vorsicht walten, an ein Ende wie das von Aulus Vettius, daran war ihnen nicht gelegen. Nach der Übernachtung in Remagus kamen sie tags darauf sicher zu Hause an. Wie groß war die Freude, als die beiden jungen Frauen ihre Männer in die Arme schließen konnten. Lucius begutachtete die mitgebrachte Ware und war zufrieden mit dem Ergebnis. Der kommende Herbst warf schon seine Schatten voraus, weil die Blätter sich von Grün nach Bunt färbten. Das Eheleben der beiden jungen Paare festigte sich, sie waren noch so verliebt, wie am ersten Tag. Eines Morgens während des gemeinsamen Frühstücks hob Livius seinen rechten Arm in die Höhe. Die Mitglieder der Familie sahen ihn fragend an, ihre Augen hingen an seinen Lippen. „Es ist so weit“, klärte er sie dann auf, „nächstes Jahr werden Sabina und ich zu dritt sein, wir können es kaum erwarten!“ Julia war es wieder, die freudig Sabina in ihre Arme nahm: „Ich bin stolz auf dich, wenn das so mit euch vieren weitergeht, dann wird es in unserem Haus demnächst etwas lauter werden. Zwei Enkel werden uns schon mal viel Freude bereiten!“ Gut gelaunt wurde jetzt der Tag begonnen und Marcus dachte, dieses Leben hier in dieser Zeit möchte ich nicht mehr tauschen. Aber warum gerade ich? Was oder wer ist für meine Zeitreise verantwortlich? Wie ist so was überhaupt möglich? Hoffentlich erfahre ich irgendwann die Gründe für dieses Ereignis!

Die Geschäfte liefen weiterhin gut und Marcus konnte schon einiges beiseite legen. Mittlerweile war er ein Profi und stand seinem Schwager und Schwiegervater in Nichts nach. Eines Abends, die Geschäfte waren heute wieder gut gelaufen, sagte er zu Diana: „Heute war der Gutsbesitzer Petronius wieder bei uns und hat Wolle für den kommenden Winter gekauft. Nebenbei fragte er mich, wann wir denn endlich ein Haus auf unserem Grundstück bauen würden, welches wir von ihm erworben haben." „Lass uns im kommenden Jahr die Planung anfangen", meinte Diana, „wir nehmen uns Zeit für dieses Vorhaben, unser Vater wird uns sicher nicht drängen. Ich glaube, der jetzige Zustand gefällt ihm sehr. Außerdem kommt demnächst unser erstes Kind, dann sind wir beide mit anderen Dingen beschäftigt!" Marcus umarmte seine Frau und flüsterte: „Ich liebe dich einfach und bin mit allem einverstanden." Hand in Hand suchten sie daraufhin ihr Nachtlager auf und gaben sich zärtlich der Liebe hin.

Der November zählte schon einige Tage, als der Winter mit aller Macht sein Stelldichein zeigte. Es schneite tagelang und über die Stadt legte sich eine dicke Schneedecke. Man sah wenig Menschen auf den Strassen, in dieser Kälte wurde nur das Nötigste erledigt. Da

Lucius durch seinen Reichtum in der Lage gewesen war, bei dem Bau der Villa in mehreren Wohnräumen eine [39]Hypokaustheizung einbauen zu lassen, empfand Marcus die wohnliche Wärme wie in der Neuzeit. Der Tag nahte, an dem bei Diana die Wehen einsetzten. Eine Römerin, die in der Stadt als so genannte Hebeamme agierte, wurde von Lucius einbestellt für den Geburtsvorgang. Marcus ging im Tablinum auf und ab und sorgte sich sehr um seine Diana. Zum ersten Mal Vater werden, so anstrengend hatte er sich die Sache nicht vorgestellt. Livius und Sabina gaben ihm Beistand und versuchten ihn zu beruhigen. Plötzlich stürmte Julia in den Raum und rief: „Es ist ein Junge, es ist ein Junge!“ Marcus war jetzt nicht mehr zu halten und eilte zu seiner Frau. Sie lag überglücklich auf ihrer Liege und hielt ein kleines Menschlein mit schwarzen Haaren in ihren Armen. Marcus stürzte auf die beiden zu, streichelte seinen Sohn und bedeckte das Gesicht von Diana mit vielen Küssen. Jetzt müssten meine Eltern hier sein, dachte er bei sich, sie wären sicher unheimlich stolz auf mich. „Wie sollen wir denn unseren Sohn nennen?“, fragte nach einiger Zeit Diana, „ich dachte, Chilon wäre ein schöner Name für ihn!“ „Dieser Name passt haargenau für unseren kleinen

---

[39] In einem zentralen Heizraum unterhalb und meist außerhalb des Hauses heizte ein Holz- oder Holzkohlenfeuer im Brennofen die Luft auf ca. 250 °C. Von dort verteilte sich die aufsteigende Warmluft über Tonrohre in den Hohlraum unter dem Fußboden und/oder in Hohlziegel der Raumwände.

Prachtkerl“, meinte Marcus, „einen besseren hätte ich auch nicht finden können.“ Fortan hielt sich Julia häufig bei ihrer Tochter auf, sie konnte von dem Kleinen nicht genug kriegen. Marcus erzählte natürlich jedem, dass er stolzer Vater geworden war. „Ich beneide dich um deinen Sohn“, sprach einige Tage später Livius zu ihm, „hoffentlich haben wir auch das Glück, dass Sabina uns einen Sohn schenkt!“ „Wenn nicht, ihr habt alle Zeit der Welt“, meinte Marcus, „dein erhoffter Sohn wird dann sicher auch noch kommen.“

Das Leben ging weiter, die Geschäfte riefen und die beiden bekamen von Lucius einen neuen Auftrag. Mittlerweile hatte ein neues Jahr begonnen, aber dieser kalte Winter hielt alles in seinen Klauen fest. Lucius brauchte deswegen neue Wolle und schickte die beiden wieder nach Augusta Treverorum. Die Lieferungen von Sabinas Vater waren auch aufgebraucht aber er konnte nicht liefern, seine Lager waren leer. Die beiden jungen Ehefrauen waren wieder voller Sorge wegen dieser Reise nach Treverorum, aber ihre Männer versprachen, große Vorsicht walten zu lassen. Früh am Tag darauf zogen sie los, der kalte Wintermorgen ließ sie trotz dicker Kleidung stark frösteln. Um sich anzuwärmen, setzten sie ihre Pferde in Trab, bei dieser Bewegung wärmten sich ihre Glieder ein wenig auf. Auf der Strasse war kaum Verkehr. Die Kälte hielt viele zurück, Reisen unter diesen Umständen waren für viele sehr unangenehm. Der Rhein war teilweise zugefroren und die ganze Natur befand sich im Winterschlaf. Ohne große Vorkommnisse erreichten sie gegen Abend ihre Mansio in Remagus. Beide freuten sich auf ein gutes Essen und ein warmes Bett. Nachdem ihre Pferde gut versorgt waren, nahmen sie im Schankraum Platz und bestellten sich ihr Abendessen. Es gab numidisches Huhn, welches hervorragend schmeckte. „Wir sollten auch die Familie von Aulus Vettius wieder aufsuchen“, meinte Livius kauend, „mal sehen, wie sie mit ihrer Trauer zurecht kommen.“ „Natürlich, das wäre auch mein Vorschlag gewesen“, gab Marcus zurück, „vielleicht können wir ihnen in irgend einer Weise helfen.“ Insgeheim dachte er sich, noch mehr über die Geschichte von Jesus und seinen Nachkommen zu erfahren. Der nächste Tag bot wieder das gleiche Bild. Dicke Schneedecken, wohin man schaute. Die Bäume bogen sich schon unter der Schneelast, die sie bedeckten. Marcus hatte den Hunsrück ganz anders in Erinnerung. Weniger Wald und viele Dörfer. Aber jetzt war hin und wieder nur ein Gutshof zu sehen. Der gleißende Sonnenschein, der von der Schneewüste zurückgeworfen wurde, schmerzte die Augen und machte sie fast blind. Eine Sonnenbrille wäre jetzt die Lösung, dachte Marcus, aber in dieser Zeit war an so was nicht zu denken. Das wäre eine Erfindung, die mich jetzt reich machen würde, sinnierte er mit einem inneren Lächeln. Am frühen Nachmittag passierten sie die Stelle des damaligen Überfalls. Hier hatte Aulus Fettius seinen Tod gefunden. Sie verharrten kurz in stiller Trauer, dann zog es sie weiter. Vor Einbruch der Dämmerung wollten sie ihr Ziel erreichen. Die Stadt lag auch in einer Winterstarre, es waren kaum Menschen auf den Strassen.

Nachdem die beiden ihr Quartier bezogen hatten, brachen sie auf, um das Haus des Weinhändlers aufzusuchen. Überrascht von dem Besuch bat Antonia die beiden, einzutreten. „Ihr seid nicht die einzigen, die uns heute beehren“, empfing sie die beiden, „unsere Freunde aus Gallien sind heute Mittag eingetroffen. Sie haben vom Tod meines Mannes gehört und möchten seine letzte Ruhestätte besuchen.“ Marcus wurde sofort hellhörig, hoffte er doch, jetzt mehr über die Geschichte der Nachkommen von Jesus zu erfahren. Im Atrium angelangt, erblickte er ein Paar, dessen Alter er um die vierzig schätzte. „Ich möchte euch mit Lucas und Rachel bekannt machen“, sprach Antonia weiter, „sie haben den weiten Weg nicht gescheut, um meinem Mann Aulus die letzte Ehre zu erweisen.“ Livius sah Marcus an und hoffte insgeheim, dass er sich nicht tiefer in irgendeine Geschichte reinziehen ließ. Er konnte sich nicht erklären, warum Marcus ein starkes Interesse an den beiden zeigte. Die Besucher begrüßten sich gegenseitig und Antonia bat alle, ihr ins Tablinum zu folgen. Dann forderte sie Livius auf, den Besuchern aus Gallien nochmals die Ereignisse, die zum Tode von Aulus führten, zu schildern. Diese waren danach erschüttert, unter welchen Umständen ihr Freund sein Leben verlor. Nach einer längeren Pause, alle im Raum Anwesende waren mit ihren Gedanken bei dem Toten, sprach Livius: „Wir müssen noch zu unserem Händler gehen, um über die neuen Käufe morgen zu reden.“

„Wenn du einverstanden bist", lenkte Marcus ein, „dann bleibe ich noch eine Weile hier, um mich mit Lucas und Rachel zu unterhalten." Livius stimmte etwas nachdenklich zu, verabschiedete sich, die Tochter von Antonia geleitete ihn zum Tor. „Ich würde gerne noch ein wenig Abendluft schnuppern", sprach sie ihn an, „ darf ich dich begleiten?" Er war überrascht über dieses Ansinnen, aber nach einer kurzen Überlegung stimmte er zu. Claudia zog sich schnell einen warmen Umhang über und beide stapften durch den frischen Schnee, der vor kurzem gefallen war.

„Ich lasse uns ein Abendessen herrichten", informierte Antonia die Zurückgebliebenen, „dann haben wir Zeit, uns über Verschiedenes zu unterhalten." „Danke für deine Aufmerksamkeit" ‚erwiderte Lucas, „nach der langen Reise wäre ein gutes Essen hervorragend!" Antonia begab sich in die Küche, um den Bediensteten ihre Aufgaben zuzuweisen. Marcus überlegte währenddessen fieberhaft, welche Fragen er den Besuchern aus Gallien stellen sollte. Er musste unbedingt mehr über die unglaubliche Geschichte über Jesus erfahren. Leider war Aulus Sohn Vinicius nicht im Haus, auf den er sich berufen könnte. Dann kam ihm ein Geistesblitz: „Vinicius erzählte mir bei unserem letzten Besuch, dass eure Wurzeln nicht in Gallien sondern in Palästina liegen. Warum haben eure Vorfahren dieses schöne Land verlassen?" „Das ist eine lange Geschichte", antwortete Lucas, „da ihr mittlerweile Freunde dieses Hauses seid, kann ich dir gerne einiges über uns berichten. Unser Stammvater hieß Jesus und wurde vor einigen Generationen von den Römern wegen Volksverhetzung in Jerusalem ans Kreuz geschlagen. Er predigte damals in ganz Palästina, dass es nur einen Gott gibt und er dessen Sohn sei. Eine große Schar von Menschen folgten ihm und nannten sich Christen. Die Römer sahen ihre Herrschaft in Gefahr und deshalb wurden alle Anhänger dieses Glaubens verfolgt und viele hingerichtet. Seine Frau Maria Magdalena floh deswegen aus ihrem Heimatland, weil auch nach ihr gefahndet wurde. Der Zufall brachte sie nach Südgallien, wo sie bei guten Menschen eine Aufnahme fand. Sie gebar kurz darauf ein Mädchen und nannte es Sarah. Wir sind Abkömmlinge dieses Kindes und bewahren den Glauben unseres Stammvaters!" Marcus musste einige Male schlucken, bevor er diese Geschichte als wahr annehmen konnte. Er war selbst christlich erzogen worden und hatte seinen Glauben nie hinterfragt. Jetzt sah er alles in einem ganz anderen Licht. Vor ihm saßen Menschen, die in einer Blutlinie von Jesus abstammten. Ihm wurde es schwindlig vor den Augen, seine Gedanken kreisten in ungeahnten Sphären. Lucas sah die Verwandlung von Marcus und deutete sein Verhalten in eine andere Richtung. „Ich hoffe, dass du uns jetzt nicht an die Römer auslieferst!", sprach er zögerlich weiter, „das könnte unser Tod sein." „Nein, nein!", antwortet er, „ich habe mich selbst mit diesem Glauben beschäftigt und finde, dass er den Menschen auf dieser Welt viel Gutes bringen wird. Dies Zeit der Verbreitung dieses Glaubens wird sicher noch kommen." Er konnte Lucas ja nicht sagen, dass den Christlichen Glauben in seiner Zeit über ein Drittel der Weltbevölkerung praktizierte. Lucas und Rachel sahen sich erleichtert an, weil ihr neuer Freund auf ihrer Seite war. Antonia hatte dem Gespräch beigewohnt und sagte anschließend: „Auch ich konnte meine Familie davon überzeugen, dass wir mit diesem Glauben auf dem richtigen Weg sind. Komme ja selbst aus Südgallien, wo ich mich in Aulus Fettius bei einem seiner ersten Besuche verliebt habe.“ In diesem Moment trat Claudia in den Raum und sprach mit einer Traurigkeit in ihren Augen zu Marcus: „Ich war mit Livius unterwegs, er wartet am Tor, um mit dir gemeinsam zur eurer Herberge zu gehen.“ „Oje, es ist Zeit zu gehen“, erwiderte Marcus, „wir wollen morgen in der Frühe unsere Ware abholen und zeitig wegen diesem Wetter los reiten.“ „Unser Haus ist immer für euch offen“, sprach Antonia zum Abschied, „hoffentlich dauert es nicht allzu lange, bis wir euch wieder sehen!“ Marcus versprach, in nicht all zu langer Zeit wieder zu kommen. Draußen erwartete ihn Livius und er bemerkte bei ihm eine spürbare Erregung. „Lass uns in die Herberge gehen“, flüsterte er leise, „dann muss ich dir einiges erzählen.“ Ungeduldig folgte Marcus ihm, was ist denn vorgefallen? , fragte er sich. Nachdem sie auf ihrem Zimmer waren, sprudelte es aus Livius nur so heraus: „Claudia wollte mich unbedingt zu Alpinius begleiten und gestand mir unterwegs, dass sie in mich verliebt sei. Ich erzählte ihr, dass zu Hause meine Frau auf mich wartet und wir demnächst ein Kind bekommen. Auf diese Antwort war sie nicht vorbereitet und begann zu weinen. Ich nahm Claudia in meine Arme, um sie zu trösten. Trotz der Kälte strömte etwas Warmes und viel Zärtlichkeit von ihr aus. Ich war nicht Herr meiner Sinne und küsste sie auf den Mund. Sie gab den Kuss leidenschaftlich zurück, ich war wie gelähmt und ließ es geschehen. Trotz meiner Liebe zu Sabina weckte Claudia in mir ein ungeahntes Gefühl der Vertrautheit, im Moment kann ich meine Gefühle nicht einordnen. Sie ist ja genau das Gegenteil von Sabina. Dunkle Haut, lange schwarze Haare und ein graziler Körper, jetzt erst habe ich ihre Schönheit wahrgenommen. Ich habe ihr versprochen, sie bei unserem nächsten Einkauf wieder aufzusuchen. Da begannen ihre Augen zu leuchten und sie drückte mich dabei noch fester an ihren schönen Körper." Marcus war sehr betroffen von Livius Ehrlichkeit. Und Claudia stammte also auch von Jesus Blutlinie ab, wie er heute Abend nochmals erfahren hatte. Er wusste im Moment keinen Rat und sagte zu Livius: „Gewinne erst mal Abstand von diesem Abend, dann sagt dir dein Herz, wie es weitergehen soll!" Marcus schlief in dieser Nacht sehr unruhig, viele Gedanken schossen ihm durch den Kopf. Er hätte nie daran gedacht, so nah an Jesus zu sein. Sogar Claudia strahlte etwas von ihm aus, die Livius mit unheimlicher Macht anzog. Deshalb wälzte sich dieser laufend von einer Seite auf die andere. Unausgeschlafen nahmen sie den nächsten Tag in Angriff. Nachdem sie die Ware bei Alpinius auf ihr Packpferd geladen hatten, ritten sie aus der Stadt. Jeder hing seinen Gedanken nach, keiner sprach ein Wort. Nach dem Schneefall von gestern Abend besserte sich das Wetter auf und die Kälte ließ nach. Am späten Vormittag brannte die Sonne vom Himmel und das angenehme Wetter hellte ihre Stimmung etwas auf. Plötzlich sah Livius seinen Freund fragend an, dann sprach er: „Was ist mit mir geschehen? Claudia hat mich auf eine geheimnisvolle Art in ihren Bann gebracht. Ich liebe meine Sabina, aber ich fühle mich irgendwie zu Claudia hingezogen.“ Marcus überlegte eine lange Zeit, welche Antwort erwartete Livius von ihm? Er konnte ihm nicht die wahre Geschichte ihrer Abstammung erzählen, Livius würde das Ganze sowieso nicht verstehen. „Lass uns erst mal Stillschweigen bewahren“, meinte er dann zu ihm, „vielleicht wird es die Zukunft richten.“ Mit dieser Antwort gab sich Livius vorerst zufrieden.

Nach der Übernachtung in Remagus ritten sie diesmal ausgeschlafen weiter am Rhenus entlang. Das milde Wetter lockte wieder viele auf die Strasse, Kaufleute und andere Reisende kamen ihnen entgegen. Es schien so, das der Winter langsam an Kraft verlieren würde. „Jetzt haben wir uns mit neuer Wolle eingedeckt“, meinte Livius zwischendurch, „und der Winter lässt uns im Stich.“ „Denke nicht so voreilig“, erwiderte Marcus, „das Wetter kann sich wieder ändern. Dann haben wir noch genug Ware, um dann unsere Kunden zufrieden zu stellen.“ Der Abend nahte, als die beiden ihr Warenlager erreichten. Lucius war noch anwesend und gab seiner Freude Ausdruck, dass beide wohlbehalten von ihrer Reise wieder zurückkamen. Nachdem sie die Ware eingelagert hatten, wurden die beiden zu

Hause von ihren Ehefrauen freudig begrüßt. „Den Göttern sei Dank“, empfing Sabina ihren Livius, „dass du die gefahrvolle Reise gesund überstanden hast. Unser Kind, das in nächster Zeit unsere kleine Familie erweitert, soll nicht ohne Vater aufwachsen!“ „Mach die keine Sorgen“, meinte er, „daran werde ich immer denken.“ Marcus erging es ähnlich, als er Diana umarmte, aber auch er konnte sie anschließend beruhigen.

In den ersten Tagen des Februarius schlug das Wetter wieder um und die klirrende Kälte kam zurück. Marcus hatte also Recht mit seiner Prognose und die mitgebrachte Wolle ließ sich gut verkaufen. Lucius hatte ihm am Anfang seiner Arbeitsaufnahme ein Fünftel der Einnahmen zugesichert. Deshalb konnte er schon über eine größere Summe verfügen. „Jetzt könnten wir die Planung unseres Hauses in die Wege leiten“, sprach er eines Abends zu Diana, „unser Grundstück haben wir ja schon.“ „Die Angelegenheit solltest du mit meinem Vater besprechen“, kam ihre Antwort, „er kennt alle Handwerker in unserer Stadt. Es wäre schön, wenn wir irgendwann ein eigenes Heim haben würden!“ Einige Tage später ergab sich die Gelegenheit, mit Lucius über das Bauvorhaben zu sprechen. „Ich leite alles in die Wege“, versicherte er ihm, „aber das Ganze wird schon über ein Jahr dauern, bis euer Haus einzugsbereit ist.“ „Das ist schon in Ordnung“, erwiderte Marcus, „wir haben ja bei dir noch Platz genug. Nur wenn wir noch weitere Kinder bekommen, könnte es eng werden.“ „Du bist mir ein toller Schwiegersohn“, meinte Lucius, „meine Frau Julia freut sich auf viele Enkelkinder!“ Hin und Wieder trafen sich Marcus und Livius abends zu ein paar Gläsern Wein in ihrer Stammtaverne. Jedes Mal erwähnte Livius das letzte Treffen mit Claudia, denn hier konnten sie ungestört darüber reden. „Ich liebe Sabina über alles“, sagte er wieder, „aber Claudia hat mich auf seltsame Art in ihren Bann gezogen, ich muss sehr oft an sie denken.“ Marcus drehte das Glas in seinen Händen, was sollte er seinem Freund antworten? Er konnte ihm nicht erzählen, dass Claudia ein besonderer Mensch wegen ihrer Herkunft sei. Um Livius zu tröste, sprach er nach einiger Zeit: „Unser Leben liegt in der Hand unserer Götter. Sie entscheiden, wie unsere Zukunft aussieht. Vertraue auf sie, eine Lösung wird es sicher irgendwann geben!“ Livius sinnierte einige Zeit über diese Antwort, dann sagte er mehr zu sich: „Ich werde es also hinnehmen müssen, wie sich die Götter später entscheiden!“ Im darauf folgenden Monat kam eine Nachricht aus Rom, dass Kaiser Antonius Pius an einer Lebensmittelvergiftung gestorben war. Es wurde auch berichtet, dass er von seinem Sterbebett aus Marc Aurel zu seinem Nachfolger bestimmt hatte. Da Marcus über ein großes Wissen der römischen Geschichte verfügte, war ihm bewusst, dass jetzt die langen Jahre des Friedens vorbei waren. Der neue Kaiser pflegte wieder eine neue Expansionspolitik, um die römischen Grenzen zu erweitern. Außerdem wurden unter ihm erneut die Christen stärker verfolgt. Wer nicht seiner Religion abschwöre, wurde zum Tode verurteilt. Oftmals wurden die Verurteilten in der Arena zur Freude des Publikums auf unterschiedliche Arten hingerichtet.

Die Reise nach Südfrankreich

Jetzt kam in Marcus der Beschützerinstinkt auf, er musste seine neuen Freunde unbedingt warnen. Aber wie? Dann kam ihm plötzlich die Idee, wie er sein Vorhaben in die Tat umsetzen könnte. Nur seine Frau Diana würde sicher darunter leiden. Das war auch der einzige Grund, der ihm viel Sorgen bereitete. Er liebte sie mit jeder Faser seines Herzen, aber die Christen musste gerettet werden. Am nächsten Tag nach seinem Entschluss sprach er zu seiner Familie nach dem gemeinsamen Frühstück: „Ich habe gestern einen ehemaligen Bekannten aus Rom zufällig in der Stadt getroffen. Er erzählte mir, dass mein alter Freund in Rom, der auch mein kleines Vermögen verwaltet, in Schwierigkeiten steckt. Ich muss unbedingt nach Rom reisen, um der Sache auf den Grund zu gehen!“ Die Mitglieder seiner Familie sahen sich bestürzt an und Diana schluchzte laut auf. Sie so zu sehen, bereitete ihm große Schmerzen. Es war ihm sehr unangenehm, seine Familie zu belügen, aber konnte er die Wahrheit sagen? „Es ist wichtig, deine Angelegenheit zu regeln“, sprach Lucius in die Stille hinein, „achte bei deiner Reise auf dich und komm wieder heil zurück. Wir möchten dich nicht als Mitglied der Familie verlieren, außerdem bedenke, dass eine junge Frau mit deinem Kind auf dich wartet!“ „Ich werde mich so schnell wie möglich beeilen. An den Iden des Aprilis könnte ich zurück sein“, erwiderte Marcus.

Die Familie gab sich damit zufrieden aber Diana war unendlich traurig und in Sorge. Er versprach ihr, mit aller Vorsicht die Hin- und Rückreise durchzuführen. Zwei Tage später ritt er aus der Stadt gen Süden, begleitet mit dem Appell der Vorsicht von seiner Familie. Der Winter war schon auf dem Rückzug. Die Schneedecke konnte der Sonne keinen Widerstand mehr leisten, die ehemals weiße Pracht lag nur noch vereinzelt in kleinen Flächen als brauner Matsch in der Landschaft. Marcus war nun zum ersten Mal nach seiner mysteriösen Ankunft in der Römerzeit für längere Zeit allein unterwegs und betrachtete die Angelegenheit mit gemischten Gefühlen. Durch die Schulung von Livius für eventuelle Gefahrensituationen fühlte er sich einigermaßen sicher. Trotzdem nahm er durch seine Aufregung eine Magenverstimmung wahr, das Unbekannte zerrte an seinen Nerven. Zunächst konzentrierte er sich auf die bevorstehende Reise. Er hatte sich vorgenommen, die Familie von Aulus Fettius zu besuchen. Danach wollte er nach Gallien reiten, um die dort lebenden Nachfahren von Jesus aufzusuchen. Die vor ihm liegende Strecke nach Trier war ihm ja schon bekannt, er hatte sie mit Livius zweimal beritten. Wieder stellte er fest, dass die Landschaft in der Römerzeit so unberührt und deshalb schöner wirkte, als in seinem vorherigen Leben. Die Flusslandschaft des Rheins sah viel natürlicher aus, durch die Begradigung im 20. Jahrhundert war viel von dem jetzigen Reiz verloren gegangen. Es machte ihm Spaß, die vielen Fischer bei ihrer Arbeit zu beobachten. Auch den Reisenden, denen er unterwegs begegnete, war nicht die Hektik anzusehen, die in seinem Jahrhundert an der Tagesordnung war. Die erste Übernachtung war wie üblich in Remagus, der Wirt wirkte erstaunt, ihn alleine anzutreffen. Der nächste Tag verlief über den Hunsrück, hier ritt er mit doppelter Vorsicht. Mit Grauen dachte er an das Ereignis, wo Aulus Fettius sein Leben durch einen Überfall verloren hatte. Aber das Glück war auf seiner Seite und unbehelligt ritt er gegen Abend durch das Stadttor von Trier. Sein Weg führte ihn gleich zu der Familie von Aulus, er hoffte, alle dort anzutreffen. Ein Sklave öffnete ihm das Tor, er erkannte ihn sofort und sprach: „Die Familie sitzt beim Abendessen, folge mir ins Triclinium. Alle waren über sein Ankommen überrascht und Antonia bat ihn, Platz zu nehmen. „Du bist bei uns immer willkommen“, sprach sie weiter, „auch fällt mir auf, dass du mit einem Anliegen zu uns kommst.“ Jetzt stellte Marcus fest, dass Claudia ihn fragend ansah. Sie hoffte wohl, dass Livius hinterher kommen würde. An seinem Blick gewahrte sie, dass sie vergeblich hoffte. Ihre Enttäuschung konnte er körperlich fühlen. „Du hast Recht, Antonia“, antwortete er, „ich muss euch einiges erzählen.“ Dann berichtete er, dass unter dem neuen Kaiser die Christenverfolgung zunehmen würde und er die Familie warnen musste. Sie sollten auf keinen Fall die Identität ihres Glaubens anderen Menschen zugänglich machen. Jetzt wirkten alle betroffen über diese Mitteilung und Antonia meinte: „Wir müssen auch unsere Familie in Gallien informieren, dass sie sich in dieser Hinsicht keiner

Gefahr aussetzen!“ „Ich habe vor“, äußerte sich Marcus, „selbst nach Gallien zu reiten, um vor Ort die Lage zu erkunden. Außerdem möchte ich euch aus persönlichen Gründen bitten, meiner Familie nichts von meinem Besuch bei euch zu erzählen, sie wähnt mich auf einer Reise nach Rom. Ich werde ihnen nur kurz mitteilen, dass ich auf meiner Rückreise zu einem Besuch in eurem Haus weilte!“ Die Familie stellte keine weiteren Fragen zu Marcus Anliegen und willigte ein. „Ich begleite dich“, sprach dann Vinicius spontan, „ich kenne den Weg dahin und zu zweit ist diese Reise besser durchzuführen.“

Marcus war dankbar für dieses Angebot und nahm es gerne an. Er bemerkte schon die ganze Zeit, dass Claudia seine Nähe suchte. Darum sagte er, dass er kurz nach draußen gehen würde, um die frische Abendluft zu genießen. Claudia folgte ihm und vertraute sich ihm an: „Du weißt sicher um meine Liebe zu Livius. Tag und Nacht sind meine Gedanken bei ihm. Ich sehne mich so in seine Nähe. Was hat er über uns erzählt?“ „Er hat nur mich in sein Vertrauen genommen“, erwiderte Marcus, „er liebt zwar seine Frau, aber ihm geht es genauso wie dir. Er kann sich die Gefühle für dich nicht erklären und ist sehr unglücklich darüber. Ich habe ihm gesagt, dass eure Zukunft in der Hand der Götter liegt.“ Mit Freude nahm Claudia die Antwort auf aber die Zukunft war ihr zu ungewiss. „Sage ihm, dass ich auf ihn warte und keinen anderen Mann in meine Nähe lasse. Vielleicht wird sich doch noch in der Zukunft eine Möglichkeit für uns ergeben!“ Nach diesem Gespräch gingen sie ins Haus zurück und Antonia bat Marcus, bei ihnen zu übernachten: „Ich denke“, sprach sie weiter, „dann könntet ihr morgen in aller Frühe aufbrechen und die Reise nach Gallien antreten.“ Vinicius bereitete sich noch am gleichen Abend für die morgige Abreise vor und besprach mit Marcus den Verlauf der Streckenführung. Auch er war ein guter Reiter, als kleiner Junge hatte ihm sein Vater schon ein Reitpferd geschenkt.

Am nächsten Morgen sah man zwei Reiter, die durch das Stadttor Richtung [40]Divodurum Mediomatricorum trabten. Die Strasse verlief zum Teil an der Mosel vorbei und Marcus staunte über die prächtigen Römervillen, die sie gelegentlich passierten. Seiner Zeit, als er in Trier seinen Studienplatz in Augenschein nahm, konnte er einige in dieser Gegend besichtigen.

Damals waren nur Grundmauern und ein paar Aufbauten zu erkennen. Jetzt erhoben sie sich prachtvoll in der Landschaft. Dann dachte er an ihre Reise. Laut seinen Berechnungen müssten sie in sechs Tagen ihr Ziel erreicht haben. Die Geographie war auch sein Steckenpferd gewesen, deshalb rechnete er damit, dass sie gegen Abend das erste Etappenziel in Metz erreichen würden. Auch das Wetter schien auf ihrer Seite zu sein. Es war Anfang März, die Sonne stand in einem fast wolkenlosen Himmel und die Frühjahrskälte war erträglich. Bei diesem Wetter war viel Verkehr auf der Strasse, die Menschen schienen nach dem harten Win-

[40] Die Stadt Metz in Frankreich

ter wieder aufzuleben. Plötzlich hörte er vor ihnen klappernde Geräusche. Er zuckte zusammen und dachte, es ist hoffentlich keine Gefahr im Anmarsch. Beim Näher kommen sah er eine römische Kohorte der Infanterie, die Richtung Trier marschierte. Die Sandalen der Legionäre waren mit Nägeln bestückt, die für das Klappern verantwortlich waren. Es war für ihn ein Erlebnis, als fünfhundert Mann an ihnen vorbeizogen. Ins Auge fielen ihm die großen roten Schilde und die Helme der Legionäre. Es war wie ein Schauspiel für ihn. Der Präfekt, der die Kohorte auf seinem Reitpferd anführte, wirkte besonders auf ihn. Er allein trug einen Helmbusch und einen roten Mantel, der über den Pferderücken reichte. Die bedauernswerten Legionäre schleppten als Fußsoldaten noch jeder ein schweres Marschgepäck dazu. Durch seine Unterlagen wusste Marcus, dass das Gewicht von Waffen und Gepäck an die fünfundvierzig Kilo reichte. Er musste einen Moment die Augen schließen, die Sonne warf ihre Strahlen über die Brustpanzer und Helme der Legionäre in sein Gesicht.

Gegen Abend erreichten sie Metz und suchten sich eine Herberge für die erste Übernachtung. Hier saßen die beiden noch längere Zeit nach dem Essen im Schankraum bei einem Becher verdünntem Wein. „Die erste Etappe ist geschafft“, meinte Vinicius, „in fünf Tagen erreichen wir unser Ziel. Hoffentlich bekommen wir unterwegs keine Schwierigkeiten, denn mit Überfällen ist immer zu rechnen!“ „Du kennst ja die Strecke“, gab Marcus zurück, „wir werden außerdem ständig nach allen Seiten sichern!“ Nach einem kurzen Schweigen sah Vinicius ihn an und fragte:“ Warum ist dir soviel daran gelegen, auch die Familie in Gallien zu warnen? Wir kennen uns erst seit kurzer Zeit und du sorgst dich sehr um uns.“ „Ich habe mich schon früher viel mit eurer Religion beschäftigt und es ist mir deshalb wichtig, euch zu helfen.“ Er konnte ihm natürlich nicht sagen, dass er in seinem alten Leben christlich erzogen wurde. Es entstanden wieder einige Minuten des Schweigens als Vinicius weiter sprach:“ Deine Gründe verstehe ich jetzt. Was mir noch Sorgen bereitet, meine Schwester ist seit eurem ersten Besuch völlig ausgewechselt. Mit mir spricht sie nicht darüber, aber ich kann mir einiges zusammenreimen. Hast du vielleicht noch eine Erklärung für mich?“

Marcus sah ihm in die Augen und erwiderte: „Ich will ehrlich zu dir sein. Deine Schwester Claudia hat sich in Livius verliebt, aber er ist leider schon verheiratet. Obwohl er seine Frau liebt, kommt auch er nicht von deiner Schwester los. Ich glaube, sie leiden beide unter dieser Situation. Ich habe beiden erklärt, dass die Zukunft vielleicht eine Lösung bringt. Damit gaben sie sich vorerst zufrieden. Aber erwähne deiner Mutter gegenüber nichts davon, das sollte unter uns bleiben!“ Vinicius starrte nach diesen Worten geradeaus wie auf einen Punkt und in seinen Gedanken spielte er alle diversen Möglichkeiten durch. Nach einer Weile räusperte er sich und sagte:“ Ich werde meiner lieben Schwester in jedem Fall zur Seite stehen, egal wie diese verzwickte Situation endet. Du kannst dich auf mich verlassen und Danke für deine Ehrlichkeit!" Nach diesem Gespräch suchten sie ihr Lager auf, denn morgen früh wollten sie zeitig aufbrechen.

Die Strecke verlief weiter, immer in der Nähe der Mosel entlang. Hier und da sah Marcus die ersten Weinanbaugebiete, die Römer waren dafür bekannt, dass sie die Reben in der Region eingeführt hatten. Gegen Mittag verabschiedete sich die Mosel, die Strasse führte jetzt fast gradlinig über leichtes Hügelgelände Richtung Langres. „In den Waldgebieten ist es gefährlich", bemerkte Vinicius, „die Wegelager kommen unerwartet zwischen den Bäumen hervor und schon muss du um dein Leben kämpfen." Marcus sah sich erschrocken um und presste seine rechte Hand an sein mitgeführtes Kurzschwert. Sollten sie doch kommen, er war bereit, für sich und seine Familie zu kämpfen. Dann spiegelte sich ein Lächeln in seinem Gesicht. Aus dem unbedachten, sorglosen jungen Mann war ein Abenteurer und Kämpfer geworden. Seine Eltern würden ihn nicht mehr wieder erkennen. Am Abend erreichten sie ohne Vorfälle die Stadt Langres. Sie lag auf einem Felsvorsprung und war schachbrettartig bebaut. Typisch römisch, dachte Marcus, als Baumeister waren die Römer unschlagbar. „Hier in Antemantunnum kenne ich eine gute [41]Mansio", sagte Vinicius, „bei jeder Durchreise sind wir da eingekehrt. Der Wirt ist uns gut gesonnen und seine Küche ist die Beste in der Stadt." „Dann lass uns einkehren", meinte Marcus, „mein Ma-

---

[41] römische Herberge

gen begehrt eine herzhafte Mahlzeit." Zufrieden mit dem Essen und dem Nachtlager ging die Reise am frühen Morgen des nächsten Tages weiter. Nach einigen Stunden kam der Fluss Saone in Sicht und begleitete die Strasse Richtung Dijon. An den Ufern waren die Fischer bei ihrer Arbeit zu sehen, der Fluss gab den Anwohnern immer einen gedeckten Tisch. Die Gegend wirkte friedlich, man hörte zum Teil lachende Gesprächsfetzen vom Wasser her. In der Flussniederung wäre eine Gefahr schon von weitem zu sehen, deshalb ritten die beiden unbekümmert auf ihrem Weg weiter in Richtung Süden. Sie diskutierten während des Reitens über Glaubensfragen und ihr derzeitiges Leben. „Ich habe mich auch verliebt", meinte zwischendurch Vinicius, „es ist die Tochter des Stadtkommandanten aus Treverorum. Ihr Vater stammt wohl aus Mauretania, weil sie sehr dunkelhäutig ist. Sie ist vor einiger Zeit auf dem Markt in meine Arme gestolpert, ich konnte sie vor einem Sturz bewahren. Als wir uns ansahen, bemerkten wir beide einen warmen Strahl in unseren Herzen. Seit jenem Tag sehen wir uns regelmäßig und unsere Liebe wächst von Tag zu Tag mehr." „Das freut mich für dich", antwortete Marcus, „die Liebe ist etwas wunderbares, wenn man sie findet, muss man sie festhalten. Mir ist es ähnlich ergangen und ich bin sehr glücklich." Da sich beide mittlerweile gut verstanden, sah jeder in dem anderen einen neuen Freund. Am Ende des Tages näherten sie sich einer kleinen Ansiedlung, bebaut mit einer Mansio und zwei kleineren Häusern. „Hier ist eine Pferdewechselstation für die römischen Boten und eine Übernachtungsmöglichkeit für Reisende", klärte Vinicius ihn auf. Ich kenne den Ort von meinen früheren Reisen her." Marcus hatte sich die bisherige Strecke und das Landschaftsbild eingeprägt und kam zu dem Entschluss, dass er vor den Anfängen der Stadt Dijon stand. Für ihn war das unfassbar, dass er so etwas erleben durfte.

Am nächsten Morgen in aller Frühe ritten die beiden nebeneinander auf der Strasse, sie waren die einzigen, die so früh unterwegs waren. Das Wetter war gleich bleibend wie am Tag des Aufbruchs geblieben und Marcus wähnte sich, als würde er eine Urlaubsreise durch Frankreich erleben. Nur seine Sehnsucht nach Diana wurde mit jedem Tag stärker. Hoffentlich ging es ihr und seinem Sohn gut. „Heute werden wir Lugdunum erreichen", informierte ihn Vinicius, „hier findest du prachtvoll ausgestattete Gebäude, wie Theater, ein Forum und die Thermen." Marcus nickte lächelnd, kannte er die Geschichte von Lyon nur zu gut. In cirka sechzig Jahren würde in dieser Gegend der größte römische Bürgerkrieg stattfinden. Über zweihunderttausend Legionäre kämpften dann wegen einem Disput zwischen zwei römischen Soldatenkaisern gegeneinander.

Jeder war jetzt mit seinen Gedanken beschäftigt und schweigend ritten sie weiter. Das führte dazu, dass sie nicht mehr die Umgebung wahrnahmen. Sonst hätten sie ein leichtes Blitzen bemerkt, das in einiger Entfernung vor ihnen durch ein Gebüsch an der Strasse zu erkennen war. Sorglos, in Gedanken versunken, näherten sie sich dem kommenden Unheil. Plötzlich sprangen drei Gestalten mit gezogenen Schwertern vor ihre Pferde und griffen an. Geistesgegenwärtig schlug Marcus seinem Pferd auf den Hintern. Erschrocken stieg es in die Höhe und galoppierte dann blitzschnell über den ersten Angreifer hinweg. Dieser reagierte zu spät und wurde von den Hufen tödlich getroffen. Dann wendete Marcus und kam Vinicius zu Hilfe. Sein Freund wehrte sich mit dem Schwert vom Pferd aus, aber wurde von beiden Seiten bedrängt. Mit gezogenem Schwert erreichte er die Kämpfenden und stieß sein Kurzschwert dem zweiten Angreifer in den Rücken. Mit einem letzten Aufschrei fiel dieser zu Boden und blieb reglos liegen. Der letzte Angreifer sah jetzt die Übermacht und wandte sich zur Flucht. Vinicius stellte ihm nach und hieb ihm mit einem gezielten Schwerthieb den Kopf ab. Nach zwei Schritten fiel die kopflose Gestalt in sich zusammen und der Kopf kullerte noch weiter bis an den Wegesrand. „Das war Rettung im letzen Augenblick“, sprach er dann außer Puste, als er zurückkam und sich neben Marcus setzte. Dieser saß nämlich kreidebleich am Straßenrand und konnte ihr Glück kaum fassen. „Das war unser Fehler“, keuchte er nach einer Weile, „wir haben nicht die Umgebung im Auge behalten. In Zukunft sollten wir besser aufpassen!“ Jetzt erst bemerkte Vinicius, dass er eine Streifwunde an seinem rechten Bein davongetragen hatte. Im Eifer des Gefechtes hatte er es nicht wahrgenommen. Marcus nahm einen Streifen Leinen und verband seine Wunde. „Wirst du damit reiten können?“, meinte er anschließend, „wir haben noch eine größere Strecke zu bewältigen." „Ich bin hart im Nehmen!", war sein kurzer Kommentar.

Als sie ihr Tagesziel erreichten, die Stadt lag auf einem großen Felsvorsprung, war Marcus hingerissen von der Größe und der Menschenmenge, die die Strassen bevölkerten. Laut seinen Aufzeichnungen wusste er, dass diese Stadt in der Antike als kleine Schwester Roms bekannt war. Vinicius führte ihn in eine Herberge, in der er schon öfters übernachtet hatte. „In zwei Tagen sind wir an unserem Reiseziel angekommen", sprach er während des Essens. Ich bin gespannt, wie unsere Verwandten auf unsere Ankunft reagieren? Auch deswegen, weil du mein Begleiter bist." „Ich habe ja schon Lucas und Rachel bei euch getroffen. Wir haben uns von Anfang an gut verstanden", antwortete Marcus, „sie werden mich sicher willkommen heißen." „Unsere letzte Übernachtung wird morgen in Valentia sein, am nächsten Tag sind wir dann an unserem Ziel angekommen", sprach Vinicius weiter, „meine Verwandten leben in der Umgebung der römischen Siedlung Arelate!"

Am nächsten Morgen ritten beide weiter auf der Via Agrippa, der Fluss Rhone war diesmal ihr ständiger Begleiter. Marcus dachte an Valentia, diese Stadt würde Ende dieses Jahrhunderts die maßgebliche Geschichte des Christentums in Frankreich beeinflussen. Er war mal über Aufzeichnungen gestolpert, in denen davon die Rede war. Jetzt waren ihm die Zusammenhänge klar. Da die Nachfahren von Jesus in dieser Gegend ansässig wurden, konnte der Glauben hier nachhaltig Fuß fassen. „Achte auf die Umgebung!“, rief ihm Vinicius zu, „ich sehe, du bist wieder in Gedanken weit weg. Ich will keine Überraschungen mehr erleben.“ „Du hast Recht“, erwiderte Marcus und ritt mit geschärften Sinnen weiter.

Nachdem sie am nächsten Morgen Valentia hinter sich ließen, tat sich nach einiger Zeit vor ihnen eine weite Ebene auf. Die Landschaft wechselte abrupt von Bergen und Tälern in Grasflächen und riesige Sumpfgebiete. Gelegentlich sahen sie in der Ferne eine Horde Wildpferde, die beim Näher kommen blitzartig davonstoben. Die Sonne stand schon hoch, sie hatten das Gefühl, das die Wärme zugenommen hätte. Es lag sehrwahrscheinlich an dem Umstand, dass das Meer irgendwo vor ihnen lag. Gegen Nachmittag tauchten landwirtschaftliche Güter auf, man sah die Menschen bei ihrer Feldarbeit. „Nach einigen Meilen erreichen wir den Gutshof meiner Verwandten“, sprach Vinivius, „ihr Gut befindet sich inmitten ihres Rebenanbaugebietes. Als sie die ersten Rebstöcke passierten, gewahrten sie Lucas zwischen den Reihen, der die ersten Triebe der Reben bearbeitete. Mit einem ungläubigen Gesicht starrte er auf die Ankömmlinge. „Lucas, wir sind es, Vinicius und Marcus“, rief Vinicius ihm zu, „willst du uns nicht willkommen heißen?“ Die Anspannung fiel in diesem Moment von Lucas ab und er kam freudestrahlend auf die beiden zu: „Da wird sich unsere Familie aber freuen, euch zu sehen. Kommt mit, wir werden sie mit eurer Anwesenheit überraschen!“

Marcus staunte über die Größe des Gutshofes, der Verkauf von Wein musste wohl sehr einträglich sein. Was ihm noch auffiel, er sah keine Sklaven, die sonst überall eingesetzt wurden. Christen werden wohl keine Sklavenarbeit zulassen, dachte er noch bei sich, als sie durch den Haupteingang das Atrium erreichten. „Rachel, Rachel“, rief Lucas jetzt, „wir haben Besuch. Komm schnell, du wirst es nicht glauben, wer hier bei mir steht!“ Sie kam eilenden Schrittes aus dem Triclinium und schlug ihre Hände vors Gesicht. Es hatte ihr die Sprache verschlagen, als sie die beiden Ankömmlinge erblickte. „Es ist uns eine große Freude“, sprach sie, nachdem der erste Schreck überwunden war, „euch beide hier bei uns zu begrüßen. Aber ihr habt sicher einen Grund, ohne eine Ankündigung zu uns zu kommen?“ „Das haben wir“, erwiderte Vinicius, „mein Freund Marcus muss unbedingt mit euch sprechen.“ „Dann kommt mit ins Triclinium, beim Essen haben wir die Gelegenheit, unsere Gedanken auszutauschen!“, sprach Rachel weiter und ging voraus. Während des Essens erzählte Marcus die Ernennung von Marc Aurel zum neuen Kaiser des römischen Reiches. Von seinen Freunden aus Rom hatte er erfahren, dass der neue Herrscher nicht gut auf Christen zu sprechen wäre und deren Verfolgung wieder zunehmen würde. Aus diesem Grund wollte er Lucas und seine Familie persönlich warnen, ihren Glauben nicht in ihrem Umfeld preiszugeben. Der neue Kaiser hatte nämlich den Befehl ausgegeben, alle Christen, die nicht ihrem Glauben abschwören, hinzurichten. Das Entsetzen im

Raum war den Anwesenden anzusehen, dann erhob Lucas das Wort: „Wir danken dir lieber Marcus für diese Warnung. In Zukunft werden wir unser Leben danach ausrichten. Auch im Verborgenen können wir unserem Glauben treu sein."

Am nächsten Morgen ließ sich Marcus von Lucas das große Anwesen zeigen. Lucas erklärte ihm auch den Werdegang der geernteten Trauben bis zur Reife des Weines. Marcus war beeindruckt, die Arbeit eines Winzers stellte sich für ihn als Neuland dar. In seinem alten Leben in Xanten hatte er ab und zu ein Glas Wein getrunken, sich aber nie Gedanken über die Herstellung des Rebensaftes gemacht. Bei ihrem Rundgang sah er in der Ferne eine größere Baumgruppe, die sein Interesse weckte. „Drüben sind unsere Verwandten begraben", sprach Lucas bei seiner Nachfrage, „da liegt sogar noch unsere Stammmutter Maria Magdalena, die wir sehr verehren." Marcus konnte es kaum glauben, als er diese Antwort hörte. Jetzt drängte er Lucas innigst, ihm die Gräber zu zeigen. Dieser war sofort bereit, ihm den Wunsch zu erfüllen. Gemeinsam näherten sie sich den Gräbern und Marcus wurde bei jedem Schritt aufgeregter. Was erhoffte und erwartete er sich? Lag hier vielleicht die Lösung seiner Reise in die Vergangenheit? Er wusste es nicht. Als sie endlich die Baumgruppe erreichten, fühlte Marcus eine innere Zufriedenheit. Er hatte das Gefühl, dass über diesem Ort etwas Geheimnisvolles in der Luft lag. Der Wind säuselte leicht in den Bäumen, einige Vögel fütterten ihre Jungen in ihren Baumnestern, der Ort strahlte eine innerliche Ruhe aus. Äußerlich war nur eine runde Baumgruppe auszumachen, in deren Mitte einige Gräber mit kleinen Kreuzen aus Holz zu sehen waren. „Siehe, hier liegt unsere Stammmutter, daneben ihre einzige Tochter Sarah, dann folgt das Grab von Juda, einer der Söhne von Sarah und im nächsten Grab liegt die Tochter Maria von Juda.“ Das Herz von Marcus schlug bis zum Hals, so aufgeregt war er noch nie gewesen. Nachdem die beiden sich eine Zeit der stillen Einkehr gönnten, gingen sie schweigend zurück. Niemals wäre Marcus der Gedanke gekommen, so nah bei Jesus zu sein.

Nach Absprache mit Vinicius wollten die beiden in zwei Tagen die Rückkehr antreten. Er nahm sich deshalb vor, heute am späten Nachmittag nochmals die Gräber allein aufzusuchen. Irgendwas zog ihn mit aller Gewalt dahin zurück. Zur angegebenen Zeit verließ er den Gutshof und suchte wieder die Grabstellen auf. Niemand war in der Nähe und so stand er regungslos vor dem Grab von Maria Magdalena. Seine Gedanken kreisten um das Leben und Kreuzigung von Jesus. Plötzlich nahm er einen Rosenduft wahr, obwohl er nirgends einen Rosenstrauch entdecken konnte. Meine Gedanken spielen mir einen Streich, dachte er noch, als in einiger Entfernung eine Frauengestalt weltliche Züge schwebend in der Luft annahm. Sie trug ein langes weißes Kleid, mit einem blauen Gürtel gehalten. Sie lächelte ihn an und Marcus dachte noch, jetzt bin ich reif für die Klapse. In diesem Moment hörte er ihre melodische Stimme und er kam zu der Erkenntnis, es ist die reale Wirklichkeit. Er vernahm deutlich ihre Worte und hörte angespannt zu.

Sie sprach: „Lieber Marcus. Ich bin Maria Magdalena, die Mutter von Jesus Tochter Sarah und soll dir von ihm folgendes auftragen. Er hat dich auserkoren, in die Vergangenheit zu reisen. Sein Tod am Kreuz soll nicht umsonst gewesen sein, weil sich die Menschheit ohne dein Zutun vernichten wird. Du musst unserem Glauben seine wahre Bestimmung zurückgeben. Die kirchlichen Würdenträger deiner Zeit sollen ihre Ämter fallen lassen und sich als einfache Diener Gottes um die Gläubigen kümmern. Jeglicher Reichtum soll den Armen zugute kommen. Den Kelch, den du gesehen hast, ist jener, der beim letzten Abendmahl von Jesus verwendet wurde. Er soll als Symbol dienen, damit der Sinn unseres Glaubens nicht in Vergessenheit gerät. Jesus hat erkannt, dass du in deinem jetzigen Leben glücklich bist und deshalb deine Rückkehr nicht mehr erfolgen wird. Lass diese Botschaft deiner Nachwelt zukommen!“

Mit diesen letzten Worten löste sich die Gestalt langsam auf und Marcus gewahrte noch eine Zeit lang diesen Rosenduft, der ihm körperlich und geistig eine starke Kraft vermittelte. So ausgestattet, fühlte er sich wie ein Fels in der Brandung, jetzt konnte ihn nichts mehr erschüttern. Endlich war ihm auch klar, wie und warum er das Glück hatte, ein Leben in der Vergangenheit zu führen. Innerlich gestärkt, suchte er den Gutshof auf. Er fühlte sich wie auf Flügeln, jetzt hatte alles einen Sinn in seinem jetzigen Leben. Er traf Vinicius im Hof, der nach ihm suchte. „Wir haben dich schon vermisst“, erklärte er ihm, „du warst nirgendwo zu finden. Der Gedanke kam auf, dass dir ein Unglück passiert sei.“ Marcus sah ihn lächelnd an und erwiderte: „Mir geht es so gut wie noch nie in meinem Leben. Lass uns morgen rechtzeitig aufbrechen, ich habe Sehnsucht nach meiner Familie.“ Vinicius sah ihn fragend an und meinte: „Irgend etwas muss vorgefallen sein, du kommst mir sehr verändert vor. Ich sehe es an deiner Körperhaltung!“ Marcus überlegte kurz und antwortete: „Ich bin in der letzten Stunde zu der Erkenntnis gelangt, dass unser Leben zu kostbar ist, um es zu vergeuden.“ Mit dieser Antwort konnte Vinicius wenig anfangen aber er war froh, dass Marcus heil vor ihm stand.

Der Abschied am nächsten Tag war sehr herzlich und sie versprachen sich gegenseitig, regelmäßig in Verbindung zu bleiben. Auf der Rückreise wirkte Marcus sehr gelassen, wusste er doch, dass jemand über ihn wachte. Die Sicherheit, die er ausstrahlte, sprang auch auf Vinicius über. Dieser fühlte sich jetzt im Beisein von Marcus unschlagbar. Ohne weitere Zwischenfälle erreichten sie gegen Abend des sechsten Tages die Stadt Treverorum. Antonia und ihre Tochter Claudia waren erleichtert, dass die beiden die Reise heil überstanden hatten. Sie saßen am Abend zusammen im Triclinium und die beiden berichteten, was sich unterwegs und bei der Familie von Lucas zugetragen hatte. Bei der Erwähnung des Überfalls wurden die beiden Frauen kreidebleich, es hätte auch anders ausgehen können. Marcus lenkte danach das Gespräch auf den Kelch und meinte: „In diesen gefährlichen Zeiten ist es sicherer, wenn ich den Kelch mitnehme. In meinem Haus wird ihn keiner vermuten. Wenn sich die Zeiten ändern, kann man über den weiteren Verbleib eine Entscheidung treffen.“ Nach längerer Überlegung sprach Antonia: „Ich vertraue dir auf Grund deines bisherigen Beistandes und gebe ihn deshalb in deine Hände!“

Nach dem Abschied am nächsten Morgen blieb Claudia als letzte bei ihm stehen und sprach leise: „Überbringe Livius meine liebsten Grüße und sage ihm noch mal, dass ich auf ihn warte, egal wie lange es dauern wird!“ Marcus versicherte ihr, dass er ihm in jedem Fall ihre Nachricht mitteilen würde. Dann nahm er ihre Hand in die seinige, um die Durchführung ihres Wunsches zu bekräftigen. Mit einem letzten Nicken ritt er aus dem Hof und ließ nach kurzer Zeit das Stadttor hinter sich. Trotz der Begegnung mit Maria Magdalena hielt er seine Augen offen, denn in diesen Zeiten war immer mit einer Gefahr zu rechnen. Am zweiten Tag erreichte er Xanten und Diana nahm ihn schluchzend in Ihre Arme: „Ich bin fast umgekommen vor Sorgen um dich aber jetzt so froh, dich wieder in meine Arme schließen zu können. Durch Sabina bin ich etwas abgelenkt worden, sie liegt schon einige Tage im Bett und hat starke Schmerzen. Die Geburt ihres Kindes steht in den nächsten Tagen bevor.“ Marcus wurde schlecht wegen dieser Nachricht, das Glück seiner Familie warf Schatten auf das Haus. Er beteuerte, dass er jeden Tag an sie und sein Kind gedacht hatte und froh sei, wieder zu Hause zu sein.

Am Abend saß die ganze Familie im Triclinium und wollte das Ergebnis seiner Reise nach Rom erfahren. Diana hielt Chilon auf ihren Schoß und alle blickten erwartungsvoll auf Marcus. Nur Livius wirkte abwesend, er machte sich Sorgen um seine Sabina, die im Moment von einer alten Frau betreut wurde. Marcus bekam ein schlechtes Gewissen, er musste seine liebgewordene Familie wieder anlügen, um seine wahre Herkunft zu verbergen. „Ich hatte Glück auf meiner Hin- und Rückreise“, erzählte er dann, „unterwegs gab es keine nennenswerte Ereignisse. In Rom angekommen, suchte ich meinen Freund vergeblich. Andere Bekannte erzählten mir, das mein Freund, er hieß Agerinus, einem Überfall zum Opfer gefallen sei. Sein Haus hatte man ausgeraubt und somit ist auch mein kleines Vermögen dahin. Da ich nichts mehr ausrichten konnte, trat ich die Rückreise an. Unterwegs kam mir die Idee, durch einen Umweg unsere neuen Freunde in Treverorum zu besuchen. Diese gaben mir einen Kelch zur Aufbewahrung mit. Nun bin ich wieder hier, aber ohne meine Gold- und Silbermünzen!“ Lucius räusperte sich jetzt und drückte das aus, was der Rest der Familie dachte: „Wir sind deine Familie. Du brauchst deine Münzen nicht, bei uns wirst du immer ein Einkommen durch unseren Handel haben. Darum wird es dir an nichts fehlen!“ Beschämt nahm Marcus die Worte auf, hoffentlich würde sein Lügengebäude nicht irgendwann zusammenbrechen. Spät am Abend suchte er dann mit Frau und Kind ihre Wohnung auf. Er freute sich auf die Nacht mit Diana, sie hatten sich ja längere Zeit nicht gesehen. Nachdem Chilon eingeschlafen war, nahm Diana die Hand von Marcus und zog ihn sanft auf ihre Liege. Er ließ es mit Freude geschehen und sehnte sich wie sie auf ihre körperliche Vereinigung. In den folgenden Wochen kehrte wieder der Alltag ein und Marcus war beschäftigt mit der Beratung und Verkauf ihrer Waren. Ab und zu nahm er abends den Kelch in die Hand und betrachtete ihn ehrfurchtsvoll. Wenn seine Eltern jetzt Kenntnisse über sein derzeitiges Leben hätten, wären sie sicher unheimlich stolz auf ihn. Eines Nachmittags war er mit Livius noch allein im Lager und ergriff die Gelegenheit, ihm die Nachricht von Claudia zu überbringen. „Bei meinem Besuch in Treverorum bat mich Claudia, dir folgendes auszurichten“, begann er, „sie lässt dich grüßen und wartet auf dich, egal wie lange es dauern würde.“ „Trotz meiner Sorge um Sabina und unserem ungeborenen Kind denke ich viel an sie“, erwiderte er, „aber ich muss sie vergessen.“ Die ganze Familie war verzweifelt, weil es Sabina immer schlechter ging. Die Geburt bestand kurz davor. „Das wird das Beste sein“, meinte Marcus, „stehe deiner Frau jetzt hilfreich zur Seite. Ich vertrete dich in dieser Zeit in unserem Geschäft!“

Einige Tage nach diesem Gespräch war es so weit. Bei Sabina setzten die Wehen ein. Zugegen waren die ältere Frau, die sich ihr entsprechendes Wissen über Jahre angeeignet hatte und Livius Mutter Julia. Der

Rest der Familie saß angespannt im [42]Peristylium und hoffte wegen Sabinas Schmerzen auf einen guten Ausgang. Livius schritt aufgeregt hin und her, er konnte es kaum erwarten, seine Frau und das Neugeborene in seine Arme zu nehmen. Es dauerte schon viel zu lange, als Julia tränenüberströmt den Raum betrat. „Sabina ist nicht mehr unter uns“, schluchzte sie laut, „sie gebar Zwillinge und ist dabei verblutet. Wir konnten sie nicht retten, weil das zweite Kind ungünstig im Mutterleib lag. Daher kamen auch sicher ihre Schmerzen, die sie die letzten Wochen ertragen musste!“ Entsetzt sahen sich alle an und Livius standen die Tränen in den Augen. Seine Mutter umarmte ihn, um ihm Trost zu spenden. Er riss sich plötzlich los und schrie: „Ich muss zu ihr! Ich muss zu meiner Frau!“, und rannte dann wie von Sinnen aus dem Raum. In den folgenden Tagen lag eine große Trauer auf dem Haus von Lucius. Die Eltern von Sabina waren mittlerweile auch anwesend und ihr Schmerz über den Verlust ihrer einzigen Tochter fand keine Grenzen. Sabina war drei Tage nach ihrem Tod in einer Urne im Gräberfeld vor der Stadt bestattet worden. Livius hatte ihr ihren Schmuck und einen Kamm mit in die Urne gelegt, ihr langes Haar war immer sorgfältig von ihr gepflegt worden. Das einzig Gute war, dass die Zwillinge, es waren eineiige Knaben, von gesunder Natur waren. Julia und Poppäa kümmerten sich liebevoll um die beiden. Weinend, einen Zwilling im Arm, sprach Poppäa: „Unsere einzige Tochter

[42] Wohnzimmer der Römer

ist nicht mehr, unsere Trauer kann uns keiner nehmen. Auch Haldavo ist am Boden zerstört. Wie sollen wir weiterleben?“ „Unser Haus ist auch das eurige“, antwortete Julia, „kommt jederzeit zu uns, um das Grab von Sabina und die Zwillinge zu sehen!“ „Das wird uns eine große Hilfe sein“, schluchzte Poppäa. Niemand im Haus gab den Zwillingen die Schuld an Sabinas Tod. Livius war tagelang nicht ansprechbar, sah aber oft nach seinen Söhnen. Beide hatten blonde Haare und die Gesichtszüge ihrer Mutter. Meine Söhne werden mich jedes Mal an sie erinnern, dachte er sich, wenn ich bei ihnen bin. Julia und Diana kümmerten sich in der Folgezeit um die Zwillinge weil auch für Livius der Alltag wieder angebrochen war. Aber täglich suchte er abends die Grabstelle auf, um so nah wie möglich bei Sabina zu sein. Er hielt dann Zwiegespräche mit ihr, dass half ihm über seine große Trauer hinweg. In den ersten Tagen seiner Grabbesuche erzählte er Sabina, dass er den beiden Knaben die Namen Remus und Vitus gegeben habe. Er hoffe, dass sie damit einverstanden sei.

Der Sommer hielt seinen Einzug ins Land und das Leben der Familie von Lucius war durch den Tod von Sabina immer noch sehr bedrückend. Die beiden Knaben Remus und Vitus entwickelten sich prächtig, aber man merkte ihnen an, dass eine Mutter fehlte. Julia und Diana waren auf lange Sicht kein Ersatz für die beiden. Marcus machte sich seine Gedanken darüber und kam zu einem Entschluss. Eines Abends lud er Livius in ihr gemeinsames Stammtabernae ein mit dem Hinweis, dass vielleicht eine Lösung möglich sei. Nachdem der Wirt den bestellten Wein an ihren Tisch gebracht hatte, begann Marcus mit der Unterhaltung: „Deine Söhne brauchen eine Mutter. Du hast damals von mir erfahren, dass Claudia immer auf dich warten würde. Unsere Familie wird Sabina niemals vergessen, aber du musst an deine Kinder denken. Es wird sicher auch der Wunsch von Sabina sein, dass ihre Söhne ein gutes Zuhause haben. Reite nach Treverorum und nimm Claudia als deine neue Frau nach Haus. Ich begleite dich auch auf dieser Reise als guten Freund, der dich auffängt, falls du fallen solltest!“ Livius dachte über den Sinn der Worte nach und erwiderte dann: „Es fällt mir schwer, so kurz nach dem Tod von Sabina diesen Weg zu gehen. Ich hege auch immer noch Gefühle für Claudia, aber ich komme mir dann Sabina gegenüber wie ein Verräter vor.“ „Bedenke, dass das Leben weitergeht, irgendwann sind wir alle vergänglich“, antwortete Marcus, „deshalb solltest du jetzt diesen Schritt unternehmen. Sabina wird es sicher gutheißen. Sie ist ja stets in deiner Nähe.“ Livius gab sich nach einer Weile einen Ruck und sagte: „Du hast Recht, in ein paar Tagen brechen wir auf und reiten nach Treverorum!“

Livius teilte seinen Eltern die Entscheidung mit und am dritten Tag nach dem Abend in der Tabernae ritten die beiden nach Treverorum. Diana hatte die Notwendigkeit eingesehen und schaute den beiden zwiespältig hinterher. In letzter Zeit hatte sie Vertrauen in das Urteilsvermögen von Marcus erworben und machte sich weniger Sorgen über seine Reisen. Unterwegs debattierten die beiden über den Sinn und Zweck des Lebens bis Livius meinte: „Ich werde mich meinem Schicksal ergeben, und versuchen, mit Claudia eine gute Ehe zu führen. Du weißt, dass ich viel für sie empfinde, aber Sabina kann sie nicht ersetzen!“ „Wie ich Claudia kenne, wird sie alles für dich tun“, erwiderte Marcus, „du wirst sie dadurch lieben und Sabina in deinem Herzen behalten!“ Livius war dankbar für diese Einschätzung und sie ritten mit einem etwas leichteren Herzen Richtung Rimagus. Am nächsten Morgen, der Tag schien wieder heiß zu werden, quälten sie sich die erste Anhöhe hinauf. Der Ritt ging danach durch Berge und Täler, wo mit Wegelagerer zu rechnen war. Angestrengt beobachteten sie die Umgebung, um jederzeit kampfbereit zu sein. Das Glück war ihnen diesmal hold und ohne einen Übergriff erreichten sie Treverorum. Der Weg führte sie gleich zu Aulus Haus. Unterwegs trafen sie zufällig Vinicius, der mit seiner Auserkorenen die gleiche Richtung einschlug. Mit aufgerissenen Augen sah er die beiden und rief: „Was ist passiert, das ich euch jetzt hier antreffe?“ Die beiden stiegen von ihren Pferden und erzählten ihm von dem Grund ihres Besuches. „Der Tod von Sabina macht mich sehr traurig, aber zuerst stelle ich euch Xenia vor“, meinte Vinicius dann, „Marcus kennt ja unsere Geschichte. Was Claudia betrifft, meine Mutter weiß Bescheid, ich konnte es nicht verheimlichen. Wenn sie von Livius Unglück erfährt, wird sie sicher einer Verbindung zustimmen. Folgt uns, wir werden sie und

Claudia, die auch zu Hause ist, überraschen. Meine Mutter erwartet nämlich nur uns beide!“ Erleichtert über diese Wendung nahmen Marcus und Livius ihre Pferde an die Leine und folgten Vinicius.

Die beiden Frauen machten große Augen, als Vinicius mit dem unangekündigtem Besuch plötzlich im Atrium stand. Claudia konnte es kaum glauben, Livius gegenüberzustehen. „Lass uns ins Peristylium gehen“, meinte Antonia nach dem Überraschungsmoment, „da können wir uns bei einem Becher Wein anhören, was es Neues zu berichten gibt!“ Claudia konnte ihre Ungeduld kaum verbergen, sie ahnte, dass sie der Grund des Besuches war, weil Livius sie unentwegt anschaute.

Nachdem alle Platz genommen hatten, war es Marcus, der als Wortführer das Gespräch begann. Er schilderte die traurigen Ereignisse, die sich in den letzten Monaten bei ihnen zu Hause zugetragen haben und sprach zum Schluss: „Mittlerweile habt ihr auch erfahren, das zwischen Livius und Claudia eine starke Verbindung besteht. Ich glaube, die beiden würden es begrüßen, ein Paar zu werden. Deshalb sind wir hier, um die Erlaubnis eurer Familie einzuholen. Livius hat mich als seinen Fürsprecher gebeten, weil ich sehr mit eurer Familie verbunden bin!“ Nach dieser Rede sprang Claudia sofort auf und sagte: „Liebste Mutter, damit würde mein größter Wunsch in Erfüllung gehen, wenn du uns zustimmst. Mein Bruder stand mir schon länger meinem Ansinnen bei!“ Antonia räusperte sich und sah das Paar prüfend an. Jetzt hing auch Livius an ihren Lippen und wartete auf ihre Bestätigung. „Ich stehe dem Glück meiner Tochter nicht im Weg“, sprach sie dann und an Livius gerichtet, „in dir sehe ich einen guten Menschen, dem ich meine Tochter anvertrauen kann!“ Jetzt war Claudia nicht mehr zu halten. Sie ging zu Livius und nahm ihn an die Hand. Er sah ihr in die Augen und ließ sie wissen: „Ich möchte mit dir ein gutes Leben führen und werde immer für dich da sein. Die Götter haben sich für uns entschieden!“ Nach dieser Entscheidung sagte Antonia: „Jetzt müssen wir aber besprechen, wann und wo die Hochzeit stattfinden soll!“ Livius ergriff das Wort und meinte: „Ihr solltet auch mal unsere Familie kennen lernen. Deshalb schlage ich vor, dass wir die Hochzeit bei uns stattfinden lassen. Meine Familie würde sich auch freuen, euch alle kennen zu lernen!“ Nach einiger Überlegung gaben Antonia und Vinicius ihr Einverständnis für diesen Vorschlag. Sie kamen überein, dass das Ereignis in vier Wochen stattfinden sollte. Livius und Claudia verließen anschließend das Haus mit der Begründung, um über ihre gemeinsame Zukunft zu reden. Ihnen bot sich ein schöner Sonnenuntergang und Hand in Hand strebten sie an die Ufer der Mosella. Dort angekommen, setzten sie sich in das noch warme Gras und küssten sich leidenschaftlich. Livius versuchte dabei, sein schlechtes Gewissen wegen Sabina beiseite zu schieben, aber das Leben ging ja weiter. Mit dieser Erkenntnis küsste er sie inniger und Claudia ließ es freudig zu. „Ich freue mich darauf“, sprach sie auf dem Heimweg, „wenn wir zusammen wohnen und deinen Söhnen werde ich eine gute Mutter ersetzen!" Bei diesen Worten drückte er Claudia noch fester an sich und gab ihr einen Kuss auf die Wange.

Livius ließ es sich nicht nehmen, Claudia mit ihrer Familie abzuholen. Drei Tage vor dem Hochzeitstermin ritt er mit Marcus nach Treverorum, um die Familie sicher nach Colonia Ulpia Traiana zu geleiten. Einen Reisewagen hatte Vinicius schon bereitgestellt und ohne Zwischenfälle kamen sie am Tag vor der Hochzeit an. Lucius und Julia empfingen ihre Gäste und es war eine gegenseitige Sympathie zu spüren. Claudia stellte sich seinen Eltern vor und Lucius meinte: „Mein Sohn hat eine gute Wahl getroffen. Wir werden dich wie eine Tochter bei uns aufnehmen!" Das Gesicht von Claudia hellte sich auf, ihre Angst vor der ersten Begegnung mit seinen Eltern war wie hinweg geblasen. Die engsten Verwandten trafen nach und nach im Laufe des restlichen Tages ein. Auch Sabinas Eltern waren eingetroffen, sie wollten die Ersatzmutter ihrer Enkel kennen lernen. Eine gewisse Traurigkeit lag in ihren Gesichtszügen, denn Sabina würde immer ein Teil ihres Lebens sein.

Lucius hatte in den letzten Tagen sämtliche Vorbereitungen für die morgige Hochzeit getroffen. Es konnte also nichts schief gehen. Auf Bitten von Claudia begab sich die Hochzeitgesellschaft gegen Abend zu dem Grab von Sabina. Sie wollte unbedingt ihre Nähe spüren und ihr am Grab versprechen, ihren Söhnen eine gute Mutter zu sein. Livius und der Rest der Familie waren überrascht von diesem Vorhaben aber dann meinte Lucius: „Ihre große Güte und Barmherzigkeit findet man bei den wenigsten Menschen. Sie ist eine Frau, die sicher von edler Herkunft ist!“ Nur allein Marcus hätte die Aussage von Lucius bestätigen können, die Blutlinie von Jesus war unverkennbar. Der nächste Tag begann mit dem üblichen Hochzeitsritual und die anschließende Feier dauerte bis zum späten Abend. Das junge Paar verabschiedete sich etwas früher und suchte engumschlungen ihre Wohnung auf. Livius war jetzt bewusst, dass er die beste Wahl getroffen hatte. Nachdem sie die Zwillinge versorgt hatten, liebten sie sich leidenschaftlich bis der Morgen graute. Er hätte die Welt umarmen können, weil ihm ein zweites Glück beschieden war.

Am zweiten Tag begann die Nachfeier, dann verabschiedeten sich die Gäste am Nachmittag. Nur Antonia und Vinicius blieben noch bis zum nächsten Morgen, sie hatten ja die längste Heimreise. Vinicius lehnte das Angebot von Marcus als sichere Begleitung ab. „Ich traue mir zu, uns heil nach Hause zu bringen“, meinte er zu ihm, „außerdem wartet Xenia auf mich. Das ist ein guter Grund, für mein Leben und das meiner Mutter wie ein Löwe zu kämpfen.“

Der Alltag kam zurück und Claudia fühlte sich wie zu Hause. Diana nahm sie als beste Freundin an und sie unternahmen vieles gemeinsam. Sie führte Claudia in ihr neues Leben ein, zeigte ihr die Stadt und sie besuchten des Öfteren das Grab von Sabina. Die Verstorbene würde immer ein Teil der Familie sein. Mittlerweile waren die Pläne für das Haus von Marcus fertig gestellt und die Handwerker konnte man fleißig bei der Arbeit sehen. In regelmäßigen Abständen kontrollierte er den Fortschritt der Bautätigkeiten, auf die Mosaikböden legte er besonderen Wert. In den Wohnräumen ließ er durch Absprache mit Diana Mosaikbilder von Tieren und Landschaften legen. Die üblichen Szenen von Kämpfen in der Arena waren beiden suspekt. Wichtig war ihnen aber eine Hypokaustheizung, im Winter wollten beide nicht frieren. Außerdem legte er Wert auf ein Bad im Haus mit dem Mosaikmotiv von Alexander dem Großen. Nach Aussagen seiner Handwerker könnte er im nächsten Frühjahr einziehen.

Marcus war mittlerweile in seinem Element, wenn er seiner Arbeit in der Stoffhandlung nachging. Er kannte bereits alle Kunden und die Händler, mit denen sie ihre Geschäfte abwickelten. Eines Tages im Spätsommer kam der reisende Händler Crispus in die Geschäftsräume und wirkte sehr bedrückt. Marcus kannte ihn schon länger und wusste, dass Crispus immer guter Laune war. „Was ist mit dir geschehen?“, fragte er ihn, „sonst machst du deine Aufwartung mit einem neuesten Witz, den du uns aus der Ferne mitbringst.“ „Ich war unterwegs in den nördlichen Gebieten“, antwortete er, „da häufen sich zur Zeit die Überfälle der Friesi und Chauken. Diese Germanenstämme sind die Unterdrückung und Ausbeutung durch die Römer leid und sie haben einen Aufstand angezettelt. Der letzte Überfall fand eine Tagesreise von hier statt. Seid also wachsam, eure Stadt könnte das nächste Ziel der Aufständischen sein!“ Marcus wurde leichenblass bei dieser Mitteilung, solch eine Schleife in der Geschichte war ihm nicht bekannt. Er hatte viel über die Entstehung von Xanten recherchiert, aber von einem Überfall war nie die Rede gewesen. Ich muss den Präfekten Aulus Plautius informieren, war sein erster Gedanke, dass er die Wachen an der Stadtmauer verdoppelt. Deshalb schickte er Crispus zu Lucius und eilte in das städtische Verwaltungsgebäude am Forum. Hier bat er um Einlass mit dem Hinweis, eine wichtige Mitteilung für den Präfekten zu haben. Marcus war hier bekannt, er hatte schon öfters Stoffproben dem Präfekten vorlegen müssen. „Du hast eine wichtige Nachricht für mich", empfing ihn der Präfekt, „einer meiner Beamten hat mich eben informiert!" Marcus berichtete ihm von dem Gespräch mit einem ihrer Händler und wies auf eine kommende Gefahr für die Stadt hin. Stirnrunzelnd überlegte der Präfekt eine Zeit lang und sprach dann: „Vielen Dank für deine Informationen. Ich werde sofort die Wachen verdoppeln und die Legion von Vetera kommen lassen. Wenn die Germanen angreifen sollten, dann werden sie sich blutige Nasen holen. Außerdem ist es mein Wunsch, dich als aufmerksamen Bürger in meiner Nähe zu wissen!" Marcus war im Moment sprachlos, der Präfekt hatte sicher einiges mit ihm vor. „Ja, Herr", antwortete er, ohne zu überlegen, „ich stehe dir jederzeit zur Verfügung." Als Marcus in dem Moment auf den Tisch sah, der neben dem Präfekt stand, zog es ihm fast die Beine weg. Dort lagen seine Habseligkeiten, die er damals bei seiner Ankunft in einem Lager verstecken konnte. Der Präfekt bemerkte sein fahles Gesicht und sagte: „Diese ungewöhnlichen Sachen haben Lagerarbeiter gefunden und umgehend zu mir gebracht. Niemand weis einen Rat, auch ich nicht, welche Bedeutung dem zuzuordnen ist. Die rote Hose, die kurze schwarze Tunika mit der roten Aufschrift und der Lederbeutel mit fremden Münzen, die niemand je gesehen hat. Hoffentlich ist das keine Finte der Germanen!“ „Ich denke, das wird sich irgendwann aufklären“, meinte Marcus, nachdem er sich beruhigt hatte, „ich werde mich auch überall umhören.“ „Ja, das denke ich auch. Wenn ich dich rufen lasse, dann komm bitte umgehend zu mir!“ Mit diesen Worten verabschiedete er sich von Marcus und rief seine Beamten, um weitere Befehle auszugeben. Am Abend erzählte Marcus seiner Familie, was vorgefallen war und das der Präfekt ihn vielleicht mit irgendwelchen Aufgaben betrauen würde. Diana war erschrocken über diese Aussage und Lucius meinte: „Ich habe schon damals ein gutes Gefühl gehabt, dich bei uns aufzunehmen. Jetzt greift sogar unser Präfekt auf eine Zusammenarbeit mit dir zurück.“

Am nächsten Tag wimmelte es in der Stadt vor lauter Legionären. Auch außerhalb der Stadtmauern lagen zwei [43]Kohorten verteilt in Lauerstellung. Den Bewohnern der Stadt war ängstlich zumute, aber die Beamten des Präfekten garantierten ihnen ihre Sicherheit. Der Tag verlief ohne Zwischenfälle und alle dachten, dass die Germanen eine andere Siedlung angreifen würden.

---

[43] eine Kohorte besteht aus 480 Legionären

Aber …….. mitten in der Nacht wurden die Bewohner durch Kriegsgeheul aus dem Schlaf gerissen. Auch Marcus und seine Familie stürzten nach draußen. Rund um die Stadt hörten sie die Kampfgeräusche zwischen Angreifer und Verteidiger. „Wir warten hier ab, bis der Kampf entschieden ist“, sprach Lucius, „unsere Legionäre sind sicher in der Überzahl und werden den Sieg davontragen!“ Nach einiger Zeit ebbten die Kampfgeräusche ab und kurz darauf erschien ein Beamter des Präfekten und verkündete: „Wir haben den Angriff erfolgreich abgewehrt und unsere Legionäre verfolgen die Germanen über den Rhenus Richtung Osten. Präfekt Aulus bat mich, Marcus zu ihm zu bringen. Deshalb bin ich hier!“ Die Familie schaute Marcus erschrocken an und Diana beteuerte: „Egal, welche Aufgabe dir der Präfekt stellt, achte auf deine Sicherheit wegen mir und unserem Kind. Ich möchte dich nicht verlieren!“ Er versicherte ihr und der Familie, gesund zurückzukommen, machte sich schnell reisefertig und folgte dem Beamten. Mit einem gewissen Stolz schaute Lucius seinem Schwiegersohn hinterher.

Auf dem Weg zur Macht

„Ich habe dich als klugen Mann kennen gelernt“, teilte der Präfekt Marcus mit, als er vor ihm stand, „hinter deiner Person vermute ich mehr, was andere nicht sehen können. In dem besagten Lederbeutel war nämlich ein Bild, welches sehr viel Ähnlichkeit mit dir aufwies. Deshalb reitest du mit zehn ausgesuchten Legionären den Kohorten hinterher, die im Moment die Angreifer verfolgen. Alles Nötige habe ich schon bereitstellen lassen!“ Marcus beschlich das Gefühl, ertappt zu sein, weil in dem Geldbeutel auch sein Personalausweis steckte. Um weiteren Nachfragen zu entgehen, sicherte er dem Präfekten seinen sofortigen Aufbruch zu. Man hatte ihm ein gutes Pferd und die nötige Ausrüstung bereitgestellt und so preschte er gemeinsam mit den Legionären den Verfolgern im Galopp hinterher. Der Morgen graute schon, als sie in der Ferne die Kohorten entdeckten. Diese waren mit der Fährtensuche beschäftigt und kamen dadurch langsamer vorwärts. Sie schlossen auf und Marcus wurde den beiden Kohortenführern Gallio und Severus vorgestellt. „Präfekt Aulus hat mich als Beobachter gesandt“, erklärte er ihnen dann, „ich soll ihm schnellstens Bericht erstatten, ob noch mit weiteren Überfällen zu rechnen sei.“ „Wenn dem so ist“, erwiderte Gallio, „dann folge uns, aber du reitest mit deinen Legionären am Ende unserer Aufstellung!“ Marcus sicherte dem Ansinnen zu und reihte sich geduldig am Ende der Truppe ein.

Die Flucht der Germanen führte immer an dem Fluss Lippe entlang, die Spuren der Verfolgten waren unübersehbar. Er diente ihnen wohl als Orientierung Richtung Norden, wo ihre Stammesgebiete lagen. Da Marcus durch sein früheres Leben das Gebiet von Nordrhein-Westfalen kannte, würden sie irgendwann Haltern am See erreichen. Diesen geschichtsträchtigen Ort kannte er durch die berühmte Varusschlacht. Von hier aus startete Varus mit seinen drei Legionen nach Xanten in ihr Winterquartier. Unterwegs wurde er dann mit seinen Legionen von Arminius in eine Falle gelockt und von den Germanen in einem brutalen Kampf vernichtet. Marcus war gespannt, was er noch in Haltern vorfinden würde. Als sie das Gebiet am Ende des Tages erreichten, informierte Marcus die beiden Kohortenführer über das aufgelassene Kastell in Haltern. „Ich kenne diese Gegend. Nicht weit von hier stehen die Überreste eines ehemaligen Kastells", sprach er zu ihnen, „ich denke, dass die Germanen hier ihre Nacht verbringen werden. Es wäre gut, wenn ihr einige Kundschafter aussendet, um die Lage vor Ort zu erkunden!" Gallio und Severus überlegten kurz und befahlen dann einigen Legionären, geräuschlos auszuschwärmen, um die Gegend zu kontrollieren. „Unser Statthalter hat wohl mit dir eine gute Wahl getroffen", meinte jetzt Gallio, „ohne dich wären wir wohl sicher in eine Falle getappt. Wir warten das Ergebnis unserer Kundschafter ab und besprechen danach unser weiteres Vorgehen!" „Wenn es zur Schlacht kommen sollte", meinte anschließend Severus, „wir sind in der Überzahl und werden siegen!“ „Ich schließe mich den Kundschaftern an, vielleicht sind meine Kenntnisse von dieser Gegend zu unserem Vorteil“, teilte Marcus den beiden mit und folgte dann den Legionären.

Sie ließen ihre Pferde zurück, um geräuschloser voranzukommen. Marcus hielt sich in der Nähe der Lippe, am Ufer mussten irgendwo die Überreste des Kastells stehen. Es war nach der Varusschlacht nicht mehr benutzt worden. Die Legionäre folgten ihm leise, sie durften unter keinen Umständen entdeckt werden. Plötzlich hörten sie gedämpftes Gemurmel und in diesem Augenblick kam eine halb verfallene Holz-Erde-Mauer in ihr Sichtfeld. Durch die Lücken konnte man Gebäude aus Stein erkennen, die noch einigermaßen intakt waren. Auf der Mauer sahen sie in größeren Abständen Wachposten stehen, die die Umgebung im Auge hielten. „Wir ziehen uns leise zurück“, flüsterte Marcus, „die Kohortenführer müssen jetzt entscheiden, wie wir vorgehen!“ Diese hatten mittlerweile ein Feldlager errichten lassen, um nicht schutzlos den Feinden ausgeliefert zu sein. Marcus berichtete ihnen von ihrer Erkundung und das ein Angriff auf das Lager der Feinde wohl überlegt sein müsse.

Die Kohortenführer beratschlagten nun, was zu tun sei. Severus meinte dann: „Die Wachtposten der Feinde sollte man still und leise mit Pfeilschüssen ausschalten, danach stürmen wir einfach durch die Lücken in der Mauer und greifen an.“ „Ein guter Zeitpunkt wäre dann, wenn der Mond heute Nacht durch Wolken verdeckt wird und wir in der Dunkelheit den Überraschungseffekt nutzen“, war der Kommentar von Gallio. Nach einer kurzen Stärkung informierten sie ihre Legionäre über die Vorgehensweise. Sie sollten heute Nacht einen Ring um das ehemalige Kastell bilden und nach einem vereinbarten Eulenruf stürmen, nachdem die aufgestellten Wachen den Tod gefunden hätten. Leise und auf allen vieren kriechend näherten sie sich mitten in der Nacht dem Kastell zu. Gallio hatte den Pfeilschützen befohlen, ihre todbringende Botschaft abzuschicken, wenn der Mond bedeckt sein würde. Danach sollte ihr Anführer den vereinbarten Eulenruf laut nachahmen.

Die Zeit verrann, alle hatten schon ihre Positionen eingenommen. Die meisten sahen hinauf zum Nachthimmel und warteten auf eine große Wolke. Es war fast eine sternklare Nacht, nur einige kleine Wölkchen zogen dahin. Doch das Warten hatte sich gelohnt. Aus dem Norden schob sich ein riesiges Wolkenfeld in Richtung Mond. Voller Erwartung schauten die Legionäre dem ziehenden Wolkenfeld zu, bis der Mond bedeckt war. Kurz darauf hörten alle den Eulenruf und das Inferno ging los. Marcus hielt sich zurück, er hatte seiner Familie versprochen, sich keiner Gefahr auszusetzen. Es war für ihn ein Erlebnis der besonderen Art, wie die vorrückenden Legionäre die überraschten Germanen niedermetzelten. Der Kampf Mann gegen Mann war auf grausame Art sehenswürdig. Das Kampfgeschrei war unüberhörbar, Freund und Feind waren blutbesudelt und viele lagen sterbend in den Blutlachen. Während Marcus dem Geschehen geschützt hinter einer dicken Eiche zusah, rannte plötzlich ein verletzter Germane mit erhobenem Schwert in seine Richtung. Geistesgegenwärtig zog er sein Schwert und stellte sich dem Feind entgegen. Dieser sah ihn mit einem Todesblick an und stürzte sich auf ihn. Marcus wehrte die Schläge mühevoll ab, gegen einen kampferprobten Germanen sah er fast seine letzte Stunde gekommen. Da der Schwertarm des Germanen verletzt war, wurden seine Schläge schwächer, Marcus fand jetzt eine Lücke und stieß sein Schwert in den Unterleib seines Gegners. Dieser schaute ihn ungläubig an und fiel dann wie ein Baum zu Boden. Als Marcus danach zum Kastell sah, schien der Kampf beendet zu sein. Die meisten Germanen hatten den Angriff nicht überlebt, doch eine geringe Anzahl konnte mit ihren Pferden das Weite suchen. Von den Legionären waren dreiundsiebzig gefallen und viele hatten Verletzungen davongetragen. Aber wie schon Severus vorausgesagt hatte, durch ihre Überzahl war der Kampf gewonnen. Abgeschlagen durch den Kampf begaben sich die Römer in ihr Feldlager und versorgten ihre Verwundeten. „Wenn der Tag anbricht, schichten wir die toten Feinde auf einen Haufen und verbrennen sie“, sprach Gallio zu seinen Leuten, „danach brechen wir auf und reiten zurück!“ Marcus war bestürzt über diesen Befehl, aber es war gängige Praxis, tote Feinde nach einer Schlacht zu verbrennen. Verwesende Leichen könnten nämlich Krankheiten verursachen.

Für den Rückmarsch war ein Tag eingeplant und abends meldeten sich die beiden Kohortenführer und

Marcus bei Präfekt Aulus Plautius. Der Statthalter hörte sich in aller Ruhe den Bericht an, den Gallio überbrachte. Dann schaute er sich jeden einzelnen an und sagte dann: „Dann habe ich ja eine gute Wahl getroffen, dass ich euch Marcus zugeteilt habe. Meine Ahnung hat mich nicht enttäuscht, so zu handeln. Ich danke euch, dass ihr unsere Stadt vor Tod und Zerstörung bewahrt habt. Gebt eurem [44]Legaten meinen Dank mit und mit dir Marcus möchte ich mich noch unterhalten!“ Die beiden Kohortenführer nahmen Abschied und Marcus blieb mit einem unsicheren Gefühl sitzen. Was kommt nun auf mich zu, überlegte er, ist meine wahre Existenz aufgefallen? „Ich werde mit Lucius reden“, begann der Statthalter nun, „deine Anwesenheit kann in meiner Verwaltung nur von Nutzen sein. Lucius soll dich von deiner Arbeit freistellen, damit du mir zur Verfügung stehen kannst. Ich will jetzt nicht tiefer in dich eindringen, aber in deiner Person sehe ich mehr als die anderen Menschen!“ Marcus überlegte händeringend, was er Aulus Plautius antworten sollte. Wie aus heiterem Himmel kam ihm plötzlich eine gute Idee, wie er sein umfangreiches Wissen erklären konnte und begann: „Ich habe meine Kindheit in Rom verbracht. Durch Zufall habe ich den römischen Geschichtsschreiber Appian kennen gelernt. Er wohnte in meiner Nähe und lud mich oft, ich war ja schon ein junger Mann, in sein Haus ein. Weil ich schon immer neugierig war, erzählter er mir vieles aus der römi-

---

[44] Legionsführer

schen Geschichte. Durch sein Wissen wurde er sogar von Kaiser Hadrian mit einem hohen Amt bekleidet. Daher verfüge ich über umfangreiche Kenntnisse über das römische Reich." Aulus Plautius strich sich gedankenvoll über die Haare, nachdem Marcus geendet hatte und meinte dann: „Also war meine Vermutung richtig, das in dir mehr steckt als du vorgeben möchtest. Darum bleibt es bei meiner Entscheidung, dass du bis auf weiteres in meinen Diensten stehst!" Marcus war es Recht, denn in dieser Position konnte er vielleicht einiges für seine alte und auch neue Stadt bewirken. Er verabschiedete sich und ging freudestrahlend nach Hause. Die Familie erwartete seine Rückkehr, in der Stadt hatten sie schon von der siegreichen Verfolgung gehört. Sie saßen schon im Tablinum und bei seinem Eintreten waren alle Augen auf ihn gerichtet. Dann kam Diana sichtlich erleichtert zu ihm und umarmte ihn: „Ich bin froh, dass du wieder heil zu Hause bist. In der Stadt haben wir erfahren, dass ein größerer Kampf stattgefunden hat. Wir waren in Sorge, weil du auch dabei warst!" Marcus gab ihr einen Kuss auf den Mund und sprach: „Dann lass mich berichten, was sich in den beiden Tagen zugetragen hat!" Er erzählte von der Verfolgung und dem Kampf, seinen Zweikampf mit dem Germanen ließ er vorsichtshalber aus. Er wollte nicht noch mehr seine Familie beunruhigen. Dann schilderte er seine Unterhaltung mit Aulus Plautius: „Der Statthalter möchte, dass ich bis auf weiteres in seiner Verwaltung arbeite. Deshalb wird er dich, Lucius, in den nächsten Tagen fragen, ob du mich von meiner Arbeit bei dir freistellst.“ Lucius bekam große Augen und meinte dann: „Natürlich werde ich seinem Ansinnen nachgeben. Das ist nämlich ein Riesensprung für unsere Familienehre. Dieses Glück werden wir heute Abend mit einigen Bechern Wein feiern!“

Tags darauf erschien ein Beamter des Statthalters und holte die Erlaubnis von Lucius ein. Marcus sollte schon kommende Woche seinen Dienst bei Aulus Plautius antreten, so lautete die Nachricht des Statthalters. Gegen Abend kam Livius zu ihm und meinte: „Lass uns in unsere Stammtaverne gehen, um einige Becher Wein zu trinken. In der nächsten Zeit werden wir uns ja seltener tagsüber sehen.“ Er sagte zu und sie informierten ihre Frauen, dass es später würde.

Sie saßen wieder in ihrer Lieblingsecke und warteten auf den bestellten Wein. Der Wirt kam nach kurzer Zeit, stellte die beiden Becher auf den Tisch und meinte dann zu Marcus: „Man hört in der Stadt, dass du mit unserem Statthalter ein gutes Verhältnis hast. Das freut mich umso mehr, weil ich euch beide zu meinen Stammgästen zählen darf. Ich hoffe, dass ihr auch in Zukunft meine Gäste seid!“ „Natürlich“, antworteten sie fast gleichzeitig, „du hast uns immer gut bedient.“ Der Wirt wurde wieder von anderen Gästen gerufen und Livius sprach als erster nach einer kurzen Pause: „Mein Vater hat mir vor kurzem mitgeteilt, dass er Anfang nächsten Jahres die Stoffhandlung an mich weitergeben will. Ich dachte, dass wir zwei gemeinsam die Geschäfte führen würden. Aber der Statthalter will dich an seiner Seite haben.“ Marcus sah ihn an und erklärte: „Du kannst trotzdem auf mich zählen. Ich werde mit Aulus Plautius vereinbaren, dass er mir genügend Zeit gibt, dich geschäftlich zu unterstützen. Er wird es einsehen müssen, da Lucius dann seine Zeit mehr unserer Familie widmet.“ „Jetzt bin ich erleichtert, antwortete er, „es ist eine große Herausforderung, diese Stoffhandlung zu führen. Unsere Familie lebt davon.“ Nach einer Zeit des Schweigens sprach er weiter: „Es gibt noch mehr Neuigkeiten. Claudia eröffnete mir gestern, dass sie ein Kind erwartet. Wir freuen uns beide auf unser erstes gemeinsames Kind und du solltest der erste sein, dem wir es berichten. Du warst nämlich derjenige, der uns letztendlich zusammengeführt hat.“ „Das ist ein Grund zum Feiern“, brachte Marcus zum Ausdruck, „die nächsten Becher warten auf uns.“

Spät am Abend kamen beide in guter Laune zu ihren Frauen zurück. Diana zog ihn gleich in ihre Wohnung und eröffnete ihm: „Ich weiß über Claudia Bescheid und kann deine gute Laune noch verbessern. Unser Chilon wird nicht alleine bleiben. Ich trage auch wieder ein Kind unserer Liebe unter meinem Herzen!“ Jetzt war es Marcus, der mit offenem Mund ihr gegenüberstand. Nachdem er sich gefasst hatte, nahm er Diana liebevoll in seine Arme und küsste sie von Liebe erfüllt. Als sie nach einer endlos langen Zeit voneinander abließen, ergriff er das Wort: „Morgen soll unser Tag sein. Wir geben Chilon in Julias Obhut und nutzen den Tag, wie wir ihn früher oft mit einer Wanderung verbracht haben!“ „Ein größeres Geschenk kannst du mir nicht geben“, säuselte sie, „dass waren mit die glücklichsten Tage meines Lebens!“

Am nächsten Morgen sah man beide Hand in Hand durch die Strassen Richtung Südtor wandern. Als sie an der Therme vorbeikamen, dachte Marcus ein weinig wehmütig an sein altes Xanten. Hier in der Therme wurde fast zweitausend Jahre später das große Museum über den alten Mauern aufgebaut, wo er viele Stunden verbracht hatte. Und wie würde es seinen Eltern ergehen, die sicher voller Kummer um den Verlust ihres Sohnes waren. Aber, er konnte den jetzigen Zustand nicht verändern und war mit seinem Leben sehr zufrieden. Nach einiger Zeit kamen sie an dem Gutshof von Petronius vorbei. Er stand zufällig im Hof und gab einigen Sklaven die nächsten Arbeiten auf. „Habe euch lange nicht mehr gesehen“, rief er ihnen zu, „Neuigkeiten verbreiten sich schnell bei uns und der Bau eures Hauses scheint große Fortschritte zu machen. Ich bin vor einigen Tagen an eurem Grundstück vorbeigekommen.“ „Das stimmt“, rief Marcus zurück, „aber welche Neuigkeiten meinst du denn?“ „Deine Berufung zum neuen Sekretär des Statthalters“, antwortete Petronius. „Ja, das stimmt“, gab Marcus zurück, „wir werden sehen, was ich Gutes für unsere Stadt tun kann.“ Sie gingen weiter und gelangten auf ihrem heimlichen Platz, an dem sich früher öfters zurückgezogen hatten. „Hier haben wir unsere Zukunftspläne geschmiedet“, raunte Diana leise, „und alles kam so, wie wir es uns wünschten.“ Marcus nahm sie in die Arme und sagte: „Unsere Liebe ist wie ein Fels in der

Brandung, nichts wird uns aufhalten können!“ Die Herbstsonne stand hoch im wolkenlosen Himmel und die Hitze veranlasste sie, sich ins warme Gras zu legen. Die baumumrandete Lichtung bot ihnen genug Schutz, um sich der körperlichen Liebe hinzugeben. Marcus hatte wieder das Gefühl, das das Leben nicht schöner sein könnte. Nach einer gefühlt langen Zeit wanderten sie weiter in Richtung Fürstenberg. Zur Linken befand sich das Legionslager Vetera und in diesem Moment kam Gallio mit einigen Legionären von einem Erkundungsritt zurück. „Hallo Marcus“, grüßte er, „wer ist die schöne Frau an deiner Seite?“ „Meine natürlich“, gab Marcus zurück, während Diana errötete, „ sie ist leider schon vergeben.“ „Wie schade“, antwortete er, „unser einer hat niemals Zeit, eine schöne Frau kennen zu lernen.“ Mit einem nachsichtigen Lächeln wanderten beide weiter und passierten das alte Amphitheater unterhalb des Fürstenbergs. Da bemerkte Marcus Tränen in ihren Augen und fragte besorgt: „Warum weinst du mein Liebes? Habe ich vorhin falsch gehandelt?“ „Nein“, antwortete sie schluchzend“, ich denke an unsere gemeinsame Wanderung damals mit Livius und Sabina. Hier waren wir voller Glück und jetzt liegt Sabina in ihrem Grab. Ich vermisse sie immer noch!“ Marcus nahm sie daraufhin zärtlich in seine Arme und tröstete sie: „Sie wird in Gedanken immer bei uns sein und Livius scheint jetzt auch wieder glücklich mit Claudia zu sein. Immerhin ist ein Kind ihrer Liebe unterwegs.“ Diana beruhigte sich zusehends nach seiner Aussage und beide stiegen auf die Anhöhe. Dort nahmen sie Platz auf den verfallenen Mauern und aßen ihre mitgebrachten Brote, die mit gewürztem Ziegenkäse belegt waren. Sie genossen die Nachmittagssonne und ließen gemeinsam ihre Gedanken kreisen über ihren Hausbau, Marcus Zukunft bei dem Statthalter und die Geburt ihres zweiten Kindes. Zufrieden mit ihrem Leben erreichten sie gegen Abend ihr Zuhause.

Marcus verbrachte das Wochenende geruhsam mit seiner Familie, er wusste ja nicht, was nächste Woche auf ihn einstürzen würde. Er beschäftigte sich viel mit seinem Sohn Chilon und die Nächte gehörten seiner Frau Diana. Lucius kam des Öfteren vorbei und war voll des Lobes. Ein Mitglied seiner Familie in der Stadterwaltung, mehr konnte man nicht verlangen. „Ich habe als Fremder in dieser Stadt viel erreicht", meinte er einmal, „aber du kommst sicher noch weiter."

Am Montagmorgen begab sich Marcus nach dem Frühstück in die Stadtverwaltung. Vor dem Gebäude blieb er eine Zeit lang stehen und versuchte, seine Gedanken zu ordnen. Was würde Aulus Plautius von ihm verlangen? Sollte er ihm reinen Wein einschenken? Würde er seiner Zeitreise offen gegenüberstehen oder ihn als verrückt erklären? Er entschied, sich nach den Begebenheiten zu richten. „Ich habe schon auf dich gewartet", empfing ihn der Statthalter, „wir müssen einiges besprechen!" Marcus folgte ihm in das Arbeitszimmer und Aulus Plautius gab seinen Beamten zu verstehen, dass er nicht gestört werden sollte. „In den letzten Tagen habe ich viel über dich nachgedacht", begann er, „dein Wissen ist mir unheimlich.

Was könnte ich von dir noch mehr erfahren? Auch das gefundene Bild aus dem Hafenlager, welches Ähnlichkeit mit dir hat, geht mir nicht aus dem Kopf.“ Marcus räusperte sich und überlegte fieberhaft, welche Antworten er ihm geben sollte. Dann sprach er: „Nun, kannst du eine außergewöhnliche Wahrheit vertragen und bist dann bereit, sich dieser zu stellen, ohne mich als verrückt zu erklären?“ Aulus Plautius ging in sich und überlegte lange bis er antwortete: „Ich war Zeit meines Lebens für alles offen und habe mir viele Gedanken um das Diesseits und Jenseits des Lebens gemacht. Deshalb spann mich nicht auf die Folter und berichte mir!“ Marcus erzählte ihm von seinem früheren Leben in Xanten und dem Zeitsprung vor einigen Jahren. Außerdem teilte er sein Wissen mit ihm über die Vergangenheit und die Zukunft aus jetziger Zeit. Zur Untermalung seiner Geschichte zeigte er ihm seine Armbanduhr, seine alte Kleidung und die Bedeutung seines Personalausweises. Am Schluss wies er ihn daraufhin, dass er sich den Namen Marcus Doratus aneignen würde. Mit wachsender Anspannung nahm der Statthalter die Geschichte auf und brachte die erste Zeit kein Wort heraus. Er ließ das Ganze lange auf sich einwirken. Marcus gab ihm die nötige Zeit, es wäre auch für jeden Menschen in seinem alten Leben eine unheimliche Geschichte gewesen.

„Auf Grund der Beweise, die du mir erklärt hast und dein enormes Wissen, kann ich dir glauben. Nie in meinem Leben hätte ich mit einem solchen Vorfall gerechnet“, sagte er freidenkerisch, „zum Wohle unserer

Stadt sollst du meine rechte Hand werden!“ „Ich danke dir für dein Vertrauen“, antwortete Marcus, „aber mein wahres Ich darf keiner erfahren, auch nicht meine Familie. Ein Zurückkommen in die Zukunft ist unmöglich, deshalb will ich hier den Rest meines Lebens verbringen. Zur Sicherheit darf niemand von meiner Zeitreise wissen!“ „Deine Geschichte wird unser Geheimnis bleiben“, gab Aulus Plautius zurück, „aber was kommt in nächster Zeit auf uns zu?“ „Die Chatten leben in der Nähe von Mogontiacum und werden in naher Zukunft in römisches Gebiet einfallen“, antwortete Marcus, „dieser Germanenstamm hat vor achtzig Jahren gemeinsam mit den Batavern das alte Vetera vernichtet und sind nun wieder in unserer Gegend auf Beutezüge aus. Deshalb sollten wir den Legat aus Mogontiacum unterrichten, dass er auch in seinem Sinn einen Feldzug gegen die Chatten schon jetzt vorbereitet!“ Der Statthalter überlegte kurz und meinte: „Dann sollest du in einigen Tagen aufbrechen, um mit dem Legat zu reden. Er heißt Quintus, ich kenne ihn noch von früher. Grüße ihn von mir, dann wird er dich empfangen! Ich gebe dir Zeit für deine Vorbereitungen und teile mir das Ergebnis mit, wenn du zurückkommst!“ Marcus verabschiedete sich und eilte nach Hause.

Diana war nicht begeistert von dem neuen Auftrag des Statthalters und meinte: „Es wäre mir lieber gewesen, wenn du weiterhin in unserer Stoffhandlung arbeiten würdest, dann wüsste ich dich in Sicherheit. So verbringe ich wieder angstvolle Tage, bis du wieder heimkehrst!“ Er versprach ihr, jeder Gefahr aus dem

Weg zu gehen und Diana beruhigte sich ein wenig. Drei Tage später brach er auf und ritt gen Süden, in Mainz würde er morgen Abend ankommen. In Remagen übernachtete er in seiner alten Herberge und ritt am nächsten Morgen weiter am Rhein vorbei Richtung Bingen. Wieder stellte er fest, dass sich fast zweitausend Jahre später auf dieser Römerstrasse die Bundesstrasse 9 befand. Er ließ Koblenz hinter sich und kam nach einiger Zeit an Boppard vorbei. Jetzt war es ein kleines Fischer- und Händlerdorf namens Baudobriga und erst 350 n. Chr. wurde hier ein Kastell zur Sicherung der Rheingrenze erbaut. Am späten Nachmittag überquerte er die von den Römern erbaute Holzbrücke in Bingen, die über die Nahe führte. Einige Zeit später ritt er durch ein Gebiet, wo weit und breit nur Ackerflächen zu sehen waren. Die Gegend diente zur Versorgung der römischen Truppe und der Zivilbevölkerung. Hier müsste ungefähr die Stelle sein, wo später die Stadt Ingelheim steht, philosophierte er vor sich hin. Er fühlte sich wie ein Entdecker einer neuen Welt. Schon sah er in der Ferne die Mauern von Mogontiacum. Zuerst werde ich die Herberge aufsuchen, in der ich damals mit Livius übernachtet habe, dachte er bei sich. Dann kann ich am nächsten Morgen den Legat aufsuchen, und vielleicht durch ihn alles Nötige in die Wege leiten lassen. Als er in die Mansio eintrat, gewahrte er den Stoffhändler Clarus, der genüsslich eine Mahlzeit zu sich nahm. „Bei allen Göttern, habe ich ein Treffen mit euch vergessen?“, sprach er Marcus an, „kann sein, dass ich schon zu alt werde für unsere

Geschäfte.“ „Nein, nein!“, antwortete Marcus, „ ich gehe morgen zu eurem Legaten Quintus, unser Statthalter hat eine Nachricht für ihn. Mittlerweile bin ich seine rechte Hand und habe die Befugnisse eines römischen Beamten!“ Clarus hielt im Kauen inne und sah ihn mit großen Augen an. „Das ist doch nicht möglich“, meinte er, nachdem er sich gefangen hatte, „vom Händler zum Stellvertreter, welche Götter hast du denn für diese Wendung überreden müssen?“ „Der Statthalter hat von meinen Fähigkeiten erfahren“, antwortete Marcus, „und nachdem ich ihm einen Beweis gegeben habe, hat sich die Lage so ergeben.“ Clarus war mit der Antwort zufrieden und sie verbrachten den Abend mit einigen Bechern Wein und einem regen Gedankenaustausch.

„Ich muss unbedingt zu Legat Quintus, der Statthalter Aulus Plautius aus Colonia Ulpia Traiana schickt mich mit einer Botschaft zu ihm!“, mit diesen Worten bat Marcus am nächsten Morgen bei den Wachen um Einlass. Nach einiger Zeit kam ein Wachtposten zurück und begleitete ihn in das Arbeitszimmer. Quintus schaute auf, als Marcus eintrat und fragte: „Welche Botschaft hat denn mein Freund Aulus Plautius für mich? Wir haben uns lange nicht mehr gesehen, aber es scheint dringlich zu sein, weil er mir einen Boten schickt.“ „Wir haben zufällig erfahren“, log Marcus, „dass die Chatten in nächster Zeit wieder auf Beutezüge in Ober- und Untergermanien aus sind und man ihnen zuvorkommen muss. Aulus Plautius ist der Überzeugung, dass man sie jetzt bekämpfen müsste, bevor größeres Unheil geschieht. Da ihr Stammesgebiet eine Tagesreise von Mogontiacum entfernt liegt, könnten deine Legionäre ihnen zuvorkommen!“ Quintus dachte über diese Botschaft nach und meinte dann: „Bevor ich meine Legion in Bewegung setze, sende ich eine Centurie aus, die die Chatten auskundschaften. Wenn sich eure Kenntnisse bewahrheiten, dann werde ich meine Legion in Marsch setzen!“ Marcus war zufrieden mit der Antwort und drängte den Legat, dass er die Centurie begleiten dürfte. Er wollte unbedingt mehr über die Abläufe in der römischen Geschichte erfahren. Der Legat entsprach seinem Wunsch und am nächsten Morgen ritt er mit der Centurie in eine für ihn neue Welt. Er führte sein Pferd vorne neben Centurio Titus, der Befehlshaber dieser Truppe und fragte nach dem Ablauf dieser Mission. „Wir reiten zuerst in das nächste Kastell, welches an der Grenze zum Chattengebiet liegt. Vielleicht erfahren wir hier die letzten Neuigkeiten. Dann geht’s weiter Richtung Osten, wo die Chatten ihre Hauptsiedlung haben. Das Weitere wird sich ergeben.“ Sie folgten erst der Römerstrasse entlang des Mains und bogen dann Richtung Norden ab. Marcus kannte diese Gegend und war überrascht, dass man von den Städten Rüsselsheim, Frankfurt, Bad Soden und anderen Orten keine Hinweise entdecken konnte. Nur winzige, namenlose Siedlungen und einige Gutshöfe lagen auf ihrem Weg. Schließlich ritten sie eine Anhöhe hinauf und oben war ein großes Kastell zu erkennen. Das muss das Kastell Saalburg sein, laut seiner Erinnerung war dieses Kastell mit fünfhundert Legionären, also einer Kohorte, besetzt. Er staunte über den prachtvollen Steinbau mit den riesigen Mauern. Das Eingangstor an der Südseite war schon beeindruckend. Davor war eine große Siedlung entstanden, die alles hergab, was die Zivilisten und Legionäre für das tägliche Leben brauchten. Gut zweitausend Jahre später konnte man ja noch die enormen Bauten im Ansatz erkennen. Der Kohortenführer Tigellinus empfing Titus und Marcus und bat sie in sein Arbeitszimmer. „Welche Ehre wird mir denn zuteil, dass eine Centurie zu uns kommt?“, war seine erste Frage. Titus erklärte ihm die näheren Umstände und fragte ihn, ob in letzter Zeit Ungewöhnliches an der Grenze aufgefallen sei. „Wir beobachteten in den letzten Tagen, dass immer wieder Germanen am Grenzwall auftauchen und nach einiger Zeit wieder verschwunden sind“, gab er zur Kenntnis, „ Irgend etwas scheint sich anzubahnen. Ich war schon in Sorge und wollte unseren Legat Quintus informieren. Durch euren Auftrag werden wir uns endlich Klarheit verschaffen!“ Nach dieser Unterredung drängte Titus zum Aufbruch und die Truppe ritt über den Grenzwall in Feindesland. Sie bewegten sich in Reihe hintereinander durch eine bewaldete Gegend und Marcus sah den Legionären an, dass eine blanke Furcht in ihnen hoch kroch. Die dichten Wälder Germaniens wirkten nämlich auf alle Römer Furcht einflößend, weil die grausamen Rituale der Druiden an römischen Gefangenen bekannt waren. Marcus wurde jetzt bewusst, dass er sich auch dieser unbekannten Gefahr aussetzte. Aber seine Neugier ließ ihn weiter reiten. In einer Gefahrensituation riskiere ich nicht mein Leben und bringe mich sofort in Sicherheit, dachte er bei sich. Mit diesen Gedanken konnte er sich einigermaßen beruhigen.

Mittlerweile wurde der Baumbestand immer karger und vor ihnen tat sich eine weite Flussebene auf. Das könnte der Fluss Nidda sein, überlegte Marcus noch, als sie in der Ferne eine Staubwolke wahrnahmen. Titus ließ seine Männer sofort in Deckung gehen, sie fanden ein Buschwerk am Ufer des Flusses für ein gutes Versteck. Angespannt verfolgten sie die Reiter, die unter ihrer Staubwolke immer näher kamen. In der Entfernung einer fast römischen Meile ritten sie auf ein kleines Plateau zu, welches mit Büschen umsäumt war. Da der Herbst schon das Land umklammerte, begann es langsam dunkel zu werden. Titus befahl seinen Männern in aller Stille ein Nachtlager anzulegen und gab Marcus ein Zeichen, ihm zu folgen. Beide setzten sich ans Ufer und Titus teilte ihm seine Vermutung mit: „Die Horde besteht aus ungefähr fünfzig Kriegern. Ich denke, dass sie auf einem Beutezug sind. Wir zwei sollten uns heute Nacht anpirschen, vielleicht können wir einiges erfahren. Als Beobachter unserer Erkundung, wie mir Quintus mitgeteilt hat, habe ich dich dafür ausgewählt!“ Marcus schluckte einige Male, denn bei dieser Aktion würde er sich unbekannten Gefahren aussetzen. Nach kurzer Überlegung antwortete er aber: „Ich bin dabei, aber wir sollten große Vorsicht walten lassen.“ „Ich bin schon seit vielen Jahren in der Legion“, beruhigte ihn Titus, „darum kannst du mir vertrauen!“ Marcus wurde es leichter ums Herz und als eine große Wolkenbank den Mond verdunkelte, krochen beide auf das Plateau zu. Jede Deckung nutzend, erreichten sie später den Rand der Lichtung. Marcus dankte innerlich der Wolkenbank für ihren Schutz und hinter einem großen Strauch versteckt, konnten sie die Lichtung gut beobachten. Die Germanen saßen an mehreren kleinen Feuerstellen und schwatzten in einer fremden Sprache. Titus konnte bedingt durch seine lange Anwesenheit in Germanien einige Wortfetzen verstehen und übersetzte anschließend flüsternd, was er erfahren konnte: „Ihre Hauptsiedlung scheint zwei Tage entfernt zu sein. Diese Abteilung soll wohl demnächst an dem Kastell am Grenzwall Unruhe stiften, damit die Legionäre beschäftigt sind. Während dieser Zeit würde der Großteil ihrer Krieger das Legionslager überfallen und dann auf römisches Gebiet vorrücken. Ihren Hass auf uns Römer konnte ich förmlich spüren.“ Marcus kannte die Geschichte und das Gehörte bestätigte sein Wissen. Mit aller Vorsicht zogen sie sich zurück und kamen wohlbehalten im Nachtlager an. Titus gab sofort das Zeichen zum Aufbruch, das Kastell und die Legion mussten schnellstens gewarnt werden. Leise und die Pferde an der Leine begannen sie den Rückweg. Der Mond stellte ihnen ab und zu sein Licht zur Verfügung, weil viele Wolken den Nachthimmel verdunkelten. Müde und abgeschlagen erreichten sie morgens das Kastell und informierten Tigellinus über das Ergebnis ihrer Erkundung. Er verdoppelte schnell seine Wachen auf der riesigen Mauer und schickte eine

Centurie in die Zivilsiedlung zum Schutz der Bevölkerung. Hier lebten viele Frauen der Legionäre mit ihren Kindern und deshalb war ihre Sorge offenkundig. Nach einer Stärkung drängte Titus zum Aufbruch, denn Quintus musste schnellstens eine Entscheidung treffen. Am frühen Nachmittag erreichten sie das Legionslager, Marcus und Titus eilten gleich zu Legat Quintus. „Dann hat dich mein Freund Aulus Plautius nicht umsonst geschickt“, meinte Quintus, als er den Bericht von den beiden hörte, „ich werde sofort alles Nötige veranlassen!“

Am nächsten Morgen ritten viertausend Legionäre unter der Führung von Quintus in Richtung Kastell am Grenzwall. Für die Sicherheit der Zivilsiedlung am Legionslager ließ er eine [45]Kohorte zurück. Marcus sollte ihn weiterhin als Beobachter begleiten und ritt jetzt mit gemischten Gefühlen neben Quintus. „Aulus Plautius hat nie von dir gesprochen“, sprach der Legat plötzlich zu ihm, „wie kann es sein, dass du seine rechte Hand bist?“ Marcus erzählte ihm die Geschichte von Hadrians Schreiber Appian. Er habe durch ihn umfangreiches Wissen erlangt und Aulus Plautius habe sich in einigen Situationen davon überzeugen können. Deshalb sei er auf dessen Wunsch zu seinem Berater geworden. „Na ja“, meint er dann, „vielleicht werde ich auch auf dein Wissen zurückgreifen müssen.“

Tigellinus war erleichtert, als er seinen Legaten kommen sah. Der Legat folgte ihm mit seinen Offizie-

---

[45] ca. 1000 Legionäre

ren und Marcus ins Stabgebäude, um die Situation zu besprechen. „Meine Wachen sind Tag und Nacht im Einsatz“, erwiderte er auf die Frage von Quintus, ob schon Feinde am Grenzwall aufgetaucht wären, „aber bis jetzt sind nur Kundschafter gesichtet worden.“ „Ich lasse eine Kohorte im Kastell für den Fall eines Angriffs!“, erklärte Quintus sein Vorgehen, „mit dem Rest meiner Legion suchen wir dann den Hauttrupp der Chatten, um sie für alle Zeiten in ihre Schranken zu weisen. Da mir die ungefähre Lage ihrer Siedlung bekannt ist, werden wir ihnen unsere Antwort auf ihre Aufsässigkeit geben!“ Marcus blieb auf eigenen Wunsch im Kastell, als der Legat mit seiner Truppe ins Feindesland zog. Für ihn war diese Strafmaßnahme zu gefährlich, ohne eine gute Legionärsausbildung könnte er sein Leben in Gefahr bringen. Quintus hatte seinem Wunsch nachgegeben, denn als Zivilist war Marcus für diesen Feldzug nicht geeignet.

Er nahm sich jetzt die Zeit, um das Kastell und die Zivilsiedlung in Augenschein zu nehmen. In jedem Kastell gab es ein Fahnenheiligtum, das wollte er sich unbedingt ansehen. Er war überwältigt von der Schönheit dieses Raumes. Der Legionsadler war in der Mitte des Raumes aufgebaut, davor stand die Statue des Kaisers. Rechts und links davon waren die Feldzeichen der Legion platziert. Auch das Lagerlazarett war für ihn interessant. Als er sich dort ungestört umsah, im Moment war niemand zu sehen, entdeckte er das Arztbesteck, welches fast dem ähnelte, das er von den Ärzten aus der Neuzeit kannte. Einige Zeit später schritt er dann durch das Südtor in die Zivilsiedlung. Hier fiel ihm das große Kastellbad auf, welches rechts vom Tor lag. Die Römer wussten schon, wie man sich im Wasser entspannen kann, dachte Marcus als ihm Tigellinus entgegenkam. „Ich muss dir unbedingt unser Mithräum zeigen“, äußerte er sich gegenüber dem überraschten Marcus, „du wirst staunen, wie prächtig wir das Heiligtum geschmückt haben!“ Marcus hatte schon viel über diese Gottheit gehört. Mithras, der Gottesstreiter. Immer kampf- und hilfsbereit, vor allem auf den Schlachtfeldern. Es war kein Wunder, dass römische Soldaten aller Ränge von ihm mächtig angezogen wurden. Neugierig folgte Marcus dem Kohortenführer an den Rand der Siedlung. Das Heiligtum lag zum Teil in der Erde. Sie gingen sechs Stufen in die Tiefe und erreichten einen Vorsaal, der als Sakristei diente. Das Ganze war höhlenartig aufgebaut. Dann kamen sie in das eigentliche Heiligtum. An der Kopfwand stand der Altar mit dem Bildnis der Gottheit, der einen Stier tötete. Das heilige Feuer vor dem Altar war die einzige Lichtquelle in diesem Raum. Rechts und links an den Wänden sah Marcus bunte Bilder von Schlachten, in denen sich Mithras immer als Sieger hervorhob. Die Decke des Raumes war mit blauer Farbe bemalt, auf der sich unzählige kleine Sterne befanden. Er meinte in dem Moment, sich in einer sternenklaren Nacht zu befinden. Irgendwie spürte Marcus jetzt ein Gefühl der Stärke, so beeindruckend wirkte die Szenerie auf ihn. Ein Blick auf Tigellinus zeigte ihm, dass dieser in einer devoten Haltung mitten im Raum stand und Mithras murmelnd verehrte. Wie verzaubert traten beide nach einiger Zeit wieder ans Tageslicht. „Weil unsere Legion dieser Gottheit huldigt, kommen sie siegreich in kurzer Zeit zurück“, meinte Tigellinus, „die Götter der Chatten können gegen ihn nichts ausrichten!“ „Deine Zuversicht ehrt dich“, gab Marcus zurück, „hoffentlich sind deine Huldigungen bei Mithras angekommen!“

Tigellinus wischte die Bedenken mit einer Handbewegung beiseite und zog Marcus in die in der Nähe liegende Mansio. „Meine Männer sind alle auf ihren Posten“, gab er Marcus zu verstehen, „darum können wir ungestört eine Kleinigkeit zu uns nehmen. Ich kenne den Wirt persönlich, auch ist er für seine Kochkünste bekannt.“ Marcus folgte ihm und bemerkte unterwegs, dass bei den Menschen in der Siedlung eine große Unruhe herrschte. Trotz der doppelten Stärke der Kastellbesatzung waren viele ängstlich und bangten um ihr Leben. Aber durch die Vielzahl der patrollierenden Legionäre in der Siedlung war für größtmögliche Sicherheit gesorgt. Der Wirt begrüßte die beiden überschwänglich und fragte nach ihren Wünschen. „Was kann uns denn heute deine Küche bieten?“, fragte Tigellinus, „wir haben wenig Zeit, ich muss zurück zu meinen Männern.“ „Ich habe eine Bohnensuppe mit Lammfleisch frisch zubereitet“, antwortete er, „die kann ich euch gerne bringen.“ „Gut“, gab Tigellinus zurück, „und bringe uns zwei Becher verdünnten Wein dazu!“ Marcus war mit der Bestellung einverstanden, dieses Gericht wollte er unbedingt versuchen. Die römische Küche war für ihn ein Genuss, aber dieses Gericht kannte er noch nicht.

Nach dieser Stärkung brachen sie auf und Marcus begleitet ihn zum Stabsgebäude. Hier ließ Tigellinus seine Centurios zu sich rufen, um sich über die neueste Entwicklung rund um das Kastell zu informieren. „Wir haben vorhin einige Reiter in der Ferne gesichtet“, sprach der Wortführer von ihnen, „aber bei unserem Anblick waren sie wieder blitzschnell verschwunden. Sie stellten sicher fest, dass ein Überfall auf uns eine Niederlage für sie bedeuten würde.“ Tigellinus überlegte kurz und gab dann seinen Männern den Befehl, die Wachen auf den Mauern zu verdoppeln. Marcus hatte wieder seine Neugier gepackt und stieg nach Absprache mit Tigellinus auch auf die Wehrmauer hinauf. Diese war fast fünf Meter hoch und zwei Meter breit. Die Oberseite war mit Zinnen versehen, deren Abstand zueinander Einmeterfünfzig betrug. Hinter jeder Zinne stand jetzt eine Wache mit Blick in die Umgebung. Hier kann man ein sicheres Gefühl haben, dachte er noch, als ein Pfeil an seinem rechten Ohr vorbeizischte, weil er sich unvorsichtiger Weise zwischen zwei Zinnen befand. Im letzten Moment sprang er in Deckung, der nächste Pfeil berührte die Zinnenkante und hätte seinen Körper getroffen. Kreideweiß im Gesicht sah er, wie einige Meter weiter ein Legionär mit einem Pfeil in der Brust zu Boden sank. Der Arme hatte wohl zu spät reagiert. Jetzt setzte ein Hagel mit brennenden Pfeilen ein, konnte aber wegen der Steinbauten wenig Schaden anrichten. In der Siedlung sah es anders aus.

Viele Häuser bestanden nur aus Holz und einige standen schon in Flammen. Das Geschrei in der Siedlung war nicht zu überhören, jeder suchte sein Heil in einer Deckung. Die Feinde nutzten den Waldrand, der sich um Kastell und Siedlung befand und boten deshalb ein schlechtes Ziel. Tigellinus erkannte die Situation und schickte eine Kohorte nach draußen mit dem Befehl, sich von hinten an die Feinde anzupirschen. Der Pfeilbeschuss nahm langsam ab und hörte dann ganz auf. In Marcus kam der Gedanke, dass dieser Angriff nur eine Finte sein könnte. Er erinnerte sich an das belauschte Gespräch der Chatten, die auf diese Weise Unruhe stiften wollten. Plötzlich hörte er Rufe im angrenzenden Wald und vernahm lautes Pferdegetrappel. Nach einiger Zeit kamen die Legionäre wieder zurück, Marcus war inzwischen wieder im Stabsgebäude bei Tigellinus. Ihr Führer berichtete: „Wir haben ungefähr fünfzig Feinde ausgemacht. Sie waren im Begriff, mit ihren Pferden das Weite zu suchen. Einige Pfeile konnten wir ihnen noch hinterher schießen, doch ohne Pferde bestand keine Möglichkeit, sie zu verfolgen. Ein Chatte wurde getroffen, aber als wir ihn erreichten, starb er mit einem Lächeln auf seinen Lippen." „Das ist genau die Situation, die wir bei den Chatten erfahren haben", brachte Marcus sich ein, „sie werden immer wieder Scheinangriffe veranstalten, um unsere Truppen zu verunsichern. Wir sollten weiterhin wachsam sein und auf einen siegreichen Feldzug von Quintus hoffen!" „Ich gebe Marcus Recht", meinte Tigellinus, „ich lasse die Wehrmauer ständig besetzt und die Siedlung wird weiterhin von meinen Männern bewacht!“

Marcus gönnte sich keine Ruhe, sein nächster Weg führte ihn wieder in die angrenzende Siedlung. Er wollte unbedingt erfahren, welche Schäden und Menschenleben der Scheinangriff gekostet hatte. Zu seinem Entsetzen sah er vor einem fast abgebrannten Haus drei verkohlte Körper und einige Bewohner, die durch Pfeilschüsse verletzt waren. Zum Glück konnten die Bewohner das Feuer an zwei anderen Häusern rechtzeitig löschen, bevor diese das gleiche Schicksal ereilt hätte. Er hatte schon bei seinem ersten Besuch festgestellt, dass diese Siedlung über viele Brunnen verfügte.

Der Herbst war im Begriff, den Wäldern seine bunte Farbe zu geben und die Tage wurden kürzer. Deshalb ging er zurück, um seinen Schlafplatz im Haus von Tigellinus aufzusuchen. Dieser hatte ihn gebeten, während seiner Anwesenheit in seinem Haus Gast zu sein. Als Kohortenpräfekt war seine Dienstwohnung, auch als Praetorium bekannt, aufgebaut wie ein römisches Wohnhaus. Durch Fußbodenheizung, Bad, Bedienstete und sonstigen Annehmlichkeiten konnte sich Tigellinus nach Dienstschluss von seiner Arbeit erholen. Frauen waren in einem Kastell nicht erwünscht, deshalb wohnte seine Angetraute in der großen Siedlung in Mogontiacum. Zu seinem Leidwesen waren seine Besuche bei ihr selten wegen seines Dienstes. Etwas später am Abend dieses turbulenten Tages saßen er und Marcus bei einem Becher Wein und unterhielten sich angeregt. „Du hast zwar keine militärische Ausbildung“, meinte Tigellinus, „aber deine Überlegungen heute waren ziemlich zutreffend. Man merkt dir an, dass du über ein großes Wissen und Erkennen von Zusammenhängen verfügst. Darum kann ich auch nachvollziehen, dass dich euer Statthalter zur seiner rechten Hand erklärt hat.“

„Ich bin ihm auch sehr dankbar und versuche, für unsere Stadt nur Gutes zu tun!“

„Vielleicht auch für mich? Ich bin es nämlich leid, hier am einsamen Grenzwall meinen Dienst zu verrichten. Ein Dienst im Kastell Vetera in der Nähe deiner Stadt wäre mir angenehmer, dann könnte ich auch öfters meine Frau aufsuchen. Eine Unterkunft für sie könntest du sicher besorgen!“

„Ich versuche, deinen Wunsch bei uns vorzutragen und gebe dir Nachricht. Aber deine Versetzung musst du mit Quintus selber verhandeln!“ Sie waren sich nun beide über ihr Vorgehen einig und später am Abend suchte jeder sein Nachtlager auf.

Der nächste Tag verlief ohne weitere Angriffe der Chatten und die Menschen beruhigten sich ein wenig. Tags darauf gegen Mittag entdeckte eine Wache auf der Wehrmauer gen Osten in größerer Entfernung eine riesige Rauchwolke am Himmel. Keiner konnte diesen Vorgang deuten, bis Marcus einfiel, dass am Ende einer Schlacht die Toten aufgeschichtet und verbrannt wurden. „Das ist vielleicht die Lösung“, meinte Tigellinus, als Marcus ihm seine Gedanken mitteilte, „wir können nur hoffen, dass es keine Römer sind!“ Die Stunden rannen dahin, alle warteten auf die Rückkehr von Quintus und seinen Legionären. Es dunkelte bereits, als er mit seinen Männern zurückkehrte. Mit seinen drei Kohortenführern strebte er zum Stabsgebäude, wo Tigellinus und Marcus ihn bereits erwarteten. Valerius, einer der Kohortenführer trug einen dicken Verband um seine rechte Schulter. Man sah ihm an, dass er Schmerzen hatte. „Wir haben viele Opfer zu beklagen“, begann Quintus, „aber am Ende haben wir den Sieg davon getragen.“ „Wir sind vor zwei Tagen auch Opfer eines Überfalls geworden“, sagte Tigellinus in diesem Moment, „konnten aber die Feinde in die Flucht schlagen. Wie ist es denn euch ergangen?“ „Nun“, sprach Quintus weiter, „nachdem wir vorgestern das Kastell verließen, schickte ich einige Späher voraus, um die etwaige Anwesenheit der Feinde festzustellen. Nach zwei Stunden kamen sie zurück und berichteten mir, dass die Hauptstreitmacht der Chatten zehn Meilen von uns entfernt in Richtung Mogontiacum ziehen würde. Da mir diese Gegend bekannt ist, wusste ich um eine große Ebene in dieser Nähe. Da unsere Legionen im freien Feld fast unschlagbar sind, sah ich in dieser Situation meinen Vorteil. Sofort befahl ich meinen Männern, die Feinde in diesem Gebiet zu stellen. Wir kamen rechtzeitig an und standen dann angriffsbereit vor ihnen. Die Anzahl der Chatten glich der Stärke meiner Männer, wie ich feststellen konnte. Nachdem wir uns Auge in Auge gegenüberstanden, herrschte kurze Zeit eine ungewöhnliche Stille. Mit unserem Auftauchen hatten sie sicherlich nicht gerechnet und beratschlagten ihr weiteres Vorgehen. Dann gab ich den Befehl zum Angriff. Sie waren wie gelähmt und formierten sich viel zu langsam, um unseren Angriff zu erwidern. Ich ließ mehrere [46]Schildkrötenformationen bilden und so drangen wir in die Masse der Feinde ein. In ihre Flanken schickte ich meine Reiterkohorte von Valerius, die einen Ausfall der Feinde verhindern sollten. Es entstand ein stundenlanges Ringen, welches viele Opfer auf beiden Seiten kostete. Aber letztendlich gewannen wir die Oberhand. Nur ein kleiner Teil der Feinde konnte noch flüchten. Leider waren wir zu abgekämpft, um eine Verfolgung aufzunehmen. Ich denke, dass die Chatten durch diese Niederlage für alle Zeit von ihren Beutezügen absehen werden!“

Quintus endete erschöpft mit seinem Bericht und wirkte nun sehr müde. Er war niedergeschlagen, dass jetzt viele Frauen in Mogontiacum vergeblich auf ihre Männer warteten. Marcus hatte Mühe, den Bericht des Legaten zu verarbeiten. Hier wurde er konfrontiert mit der Brutalität der römischen Kriegsführung. Kämpfe von Mann zu Mann waren in seiner Zeit nicht mehr üblich, weil da nur mit Fernwaffen gekämpft wurde. Das Gesicht von Quintus wirkte bleich und seufzend sprach er noch: „Ungefähr dreihundert meiner Männer haben den Tod gefunden. Aber ich denke, dass die Chatten den achtfachen Blutzoll bei dieser Schlacht bezahlt haben!“

---

[46] eine Einheit, die sich von oben und der Seite mit Schildern abdeckt

Nach einer ruhelosen Nacht, Marcus hatte das Zimmer mit Quintus geteilt, befahl dieser am nächsten Morgen den zeitigen Aufbruch nach Mogontiacum. Marcus verabschiedete sich von Tigellinus und versprach ihm, sich um seinen Wunsch nach Verlegung zu kümmern. Der Rückweg zum Legionslager gestaltete sich beschwerlich, weil viele verwundete Legionäre den Marsch verlangsamten. Drei von ihnen starben schon unterwegs, ihr Blutverlust war zu groß gewesen. Im Lager angekommen, wurden die Verwundeten zuerst in das Lazarettgebäude gebracht. Mehrere Ärzte standen bereit, die sich um die Verletzten kümmerten. Quintus schlug den Weg zum Stabsgebäude ein, als der Kohortenführer der im Lager verbliebenen Legionäre auf ihn zukam. „Was hast du mir zu berichten?", fragte er neugierig, „ist unser Lager auch angegriffen worden?" „Ja", antwortete er, „vor zwei Tagen versuchte eine kleine Gruppe von Chatten, unsere Wachen auf der Wehrmauer mit Pfeilschüssen zu töten. Da ich allen höchste Wachsamkeit eingeschärft hatte, kam bei diesem Angriff niemand zu Schaden. Sofort stellte ich eine berittene Einheit auf, um die Feinde zu stellen. Sie flüchteten vor unserer Übermacht, aber die Hälfte von ihnen fand den Tod. Die Übrigen wurden überwältigt und harren nun eingesperrt auf ihr weiteres Schicksal." „Wir werden später entscheiden, ob wir sie töten oder in die Sklaverei schicken", meinte Quintus, „jetzt muss ich mich darum bekümmern, dass ich Ersatz für meine getöteten Männer finde!"

Am nächsten Morgen verabschiedete sich Marcus von Quintus, es war Zeit, heimzukehren. Seinen Auftrag konnte er mit gutem Gewissen als erledigt betrachten, die Gefahr für sein Umfeld war beseitigt. Trotzdem rührte sich sein Gewissen, dass so viele Menschen den Tod gefunden hatten. Und wie würde diese Schlacht in die Geschichte eingehen? Sie hätte ohne sein Zutun niemals stattgefunden. Konnte man in der Vergangenheit die Zukunft ändern? Das waren Fragen, die ihn bei seinem Ritt nach Hause durchgehend beschäftigten. Aber heute war ein sonniger Herbsttag und Marcus ließ sich von dem schönen Wetter beeinflussen. Die Römerstrasse am Rhein bot ihm viel Abwechslung und die Neugier weckte seine Lebensgeister. An den Berghängen sah er die Menschen bei der Weinlese. Die importierten Weinreben der Römer war ein geschäftlicher Bestandsteil, der sich bis in seine Zeit erhalten hatte. Auch viele andere Errungenschaften der Römer kamen erst im 20. Jahrhundert wieder zum Tragen. Der Untergang des römischen Reiches war der Anfang des finsteren Mittelalters. Wie weit wären wir heute, wenn das römische Reich länger existiert hätte. Diese Gedanken schwirrten durch seinen Kopf und beschäftigten ihn, bis er sein Tagesziel erreicht hatte. In Remagus kehrte er in seine alte Herberge ein, der Wirt war erfreut, ihn wieder zu sehen. „Du siehst etwas mitgenommen aus“, meinte er, „die letzten Tage scheinen dir nicht gut bekommen zu sein.“ „Ja, es ist viel geschehen“, seufzte Marcus, „ich muss wieder einen klaren Kopf bekommen!“ „Deshalb werde ich dich jetzt mit einem guten Essen verwöhnen und ein Bett habe ich immer für meine Stammgäste bereit. Morgen sieht dann die Welt für dich wieder besser aus." Marcus bedankte sich und fiel später in seinem Bett liegend, in einen erholsamen Schlaf.

Kleinere Regenschauer begleiteten ihn am nächsten Tag, der Herbst war dieses Jahr unbeständig. Das Wetter konnte ihm heute nichts anhaben, die Freude um das Wiedersehen mit seiner Familie gewann die Oberhand. Er war froh, dass er bei den Ereignissen der letzten Tage keinen Schaden davon getragen hatte. Die Gefahren, der er sich in dieser Zeit stellen musste, würde er Diana wohlweislich verschweigen. Mittlerweile ritt er schon an Gelduba vorbei und dachte an die Zeit, als Livius hier seine Sabina kennen lernte. Seitdem war vieles geschehen, sein altes Leben in Xanten wäre dem gegenüber wohl langweilig gewesen. Mit neuer Energie legte er den Rest des Weges zurück und erreichte am späten Nachmittag sein Zuhause. Diana nahm ihn überglücklich in ihre Arme, sie war froh, ihn gesund wieder zu sehen. Als der Rest der Familie von seiner Ankunft erfuhr, strömte sie in Marcus Wohnung, um von ihm die Erlebnisse der letzten Tage zu erfahren. Während seiner Schilderung stöhnte Diana gelegentlich, sie war sich der Gefahren, der Marcus ausgesetzt war, voll bewusst. Die Familie indessen lobte ihn für seinen Einsatz, die Gefahr der Überfälle schien gebannt zu sein.

Am nächsten Tag suchte er Aulus Plautius auf und erzählte ihm die gleiche Geschichte. „Unsere Stadt ist dir dankbar für deinen Einsatz“, meinte er, nachdem Marcus endete, „jetzt können wir uns die nächsten Schritte überlegen, was wir auf Grund deiner Kenntnisse verbessern könnten.“ „Um unsere Bewohner besser zu beschützen“, erklärte Marcus, „wäre es sinnvoll, Bewacher einzusetzen, die Übeltäter verfolgen und festnehmen. Im jetzigen Zustand versucht jeder, sein Recht selbst in die Hand zu nehmen. Viele sind dabei überfordert und werden unzufrieden mit unserer Verwaltung!“ Der Statthalter überlegte kurz und sagte dann: „Das ist ein guter Vorschlag. Dadurch könnten wir die Missetäter fassen und aburteilen. Bis jetzt kamen nämlich öfters Bewohner der Stadt zu uns und baten um Hilfe, weil ihnen ein Leid zugefügt wurde. Sie waren nicht in der Lage, sich selbst zu helfen. Das könnten wir jetzt ändern!“ „Gut“, antwortete Marcus, „ich suche uns zwei zuverlässige Männer, die dafür in Frage kommen. Die werden sich dann unter meiner Aufsicht um begangene Verbrechen bekümmern. Die darauf folgenden Strafen werden dann von uns festgelegt.“ „Dann wird das deine nächste Aufgabe sein“, meinte der Statthalter abschließend, „und berichte mir zwischendurch in dieser Angelegenheit!“

Beschwingt verließ Marcus das Verwaltungsgebäude, das war eine Aufgabe ganz in seinem Sinn. Hier konnte er eine Art Kriminalinspektion gründen, wie er es in seinem alten Leben kannte. Die Suche nach geeigneten Personen für dieses Vorhaben war jetzt der nächste Schritt. Sein erster Weg führte ihn in das Kastell Vetera. Hier erhoffte er sich Hilfe von Gallio, er war einer der Kohortenführer dort, den er gut kannte. Einer der Wachen am Tor begleitete ihn auf seine Nachfrage hin zu dem Gebäude, wo sich Gallio im Moment aufhielt. „Dich hätte ich hier nicht erwartet“, rief dieser bei seinem Eintreten im Spaß, „hast du endlich eine Frau für mich gefunden?“ „Nein“, antwortete Marcus“, ich könnte aber deine Hilfe gebrauchen.“ Dann erzählte er ihm von seinem Vorhaben und ob er dafür zwei gute Männer empfehlen könnte. Gallio überlegte eine Zeit lang, dann huschte ein Lächeln über sein Gesicht: „Ich kenne zwei ehemalige Legionäre, die für kurze Zeit in unserer [47]Auxiliareinheit dienten. Zurzeit arbeiten sie bei Petronius auf dem Gutshof und sind unzufrieden mit der Landarbeit. Ich denke, dass sie mit ihrer militärischen Erfahrung genau die richtigen sind.“ Jetzt war es an Marcus, dem ein Lächeln übers Gesicht huschte: „Solche Männer habe ich gesucht, ich danke dir für deine Information. Und vielleicht kann ich dir auch später zu einer Frau verhelfen. Ich sehe, was sich für dich machen lässt.“ Mit dem Hinweis, sich wieder bei ihm zu melden, verließ Marcus das Kastell. Er schlug die Strasse zum Gutshof ein und hoffte, dass Petronius zu Hause war. „Da wirst du einen Moment warten müssen“, sprach seine Frau Domitia zu ihm, als er nach Petronius fragte, „er ist im Kornspeicher, um die Vorräte zu begutachten. Der Proviantmeister des Kastells hat um eine Lieferung gebeten.“ „Ich habe Zeit und kann warten“, gab er zurück, „durch meine Tätig-

---

[47] bestand aus Kriegern von verbündeten Völkern des Reiches

keit in der Stadtverwaltung muss ich mit ihm einiges besprechen.“ Domitia war mit seiner Aussage zufrieden und bot ihm einen Becher Wein an. Während er sich einen Schluck genehmigte, meinte sie unverhofft: „Die rechte Hand des Stadtverwalters bei uns, hoffentlich gibt es keine neuen Probleme?“ „Nein“, antwortete Marcus. In diesem Moment erschien Petronius in der Tür und sah mit einem fragenden Gesichtsausdruck auf Marcus. Dieser erzählte ihm gleich den Grund seines Besuches und Petronius stimmte seinem Wunsch zu: „Die beiden sind auf meinem Gutshof fehl am Platz. Man merkt ihnen an, sie sind den Kampf gewohnt und für die Landarbeit nicht geeignet. Nach dem Ausscheiden aus der Legion waren sie ohne Einkommen, deshalb fragten sie bei mir nach Arbeit. Ich kenne sie von früher, weil sie zu dem Stamm der Bructerer gehören. Bei dir sind sie sicher besser aufgehoben!“ „Ich weiß, ihr Stamm ist damals von anderen Germanen fast vernichtet worden, deshalb sind sie ohne eigenes Stammgebiet mehr“, warf Marcus ein, „lass die beiden rufen, ich muss mit ihnen sprechen!“ Es dauerte einige Zeit, bis die Männer den Raum betraten. Petronius stellte sie als Haduwulf und Folkwin vor. Mit fragenden Gesichtern schauten sie auf ihren Gutsherrn. „Mein Freund Marcus möchte mit euch einiges besprechen, von mir hat er schon die Zustimmung zu seinem Anliegen. Marcus erklärte ihnen ihre neue Aufgabe, die Begeisterung der beiden war daraufhin unübersehbar. Ihre Entlohnung und eine neue Bleibe in der Stadt waren den beiden recht und so begleiteten sie Marcus zu der neuen Unterkunft. Er hatte schon vorher eine Mietwohnung in der Stadt für alle Fälle einrichten lassen. Dann erklärte er ihnen ihre Hauptaufgabe, täglich Kontrollgänge in der Stadt und gelegentlich im Umfeld zu unternehmen. Bei Streitigkeiten unter den Bewohnern sofort einzugreifen und in Mordfällen ihn sofort zu benachrichtigen. Sie kamen überein, morgen sofort mit der Arbeit zu beginnen. Danach erstattete er Aulus Plautius seinen Bericht. „Ich denke, das jetzt die Zufriedenheit unserer Bewohner steigt und unser Ansehen auch“, meinte er danach, „ du hast gute Arbeit geleistet!“ Wenn meine Eltern wüssten, was ich bis jetzt alles erreicht habe, dachte er auf seinem Weg nach Hause, sie wären unheimlich stolz auf mich. Aber leider werde ich sie niemals wieder sehen können.

Die Zeit verrann im Flug und schon stand der neue Jahreswechsel an. Der Winter war diesmal erträglicher, die Kälte der letzten Jahre hatte sich abgeschwächt. Marcus stand seinem Statthalter immer zur Seite, wenn dieser seine Verwaltungsaufgaben bearbeitete. Sie beschlossen unter anderem, eine Palaestra in den Thermen einzurichten. Diesen Raum gab es in vielen römischen Thermen, wo die Besucher Ballspiele und andere Wettkämpfe vor dem eigentlichen Baden wahrnahmen. Außerdem traf er sich täglich mit Haduwulf und Folkwin, um sich über ihre Bewachungsaufgaben unterrichten zu lassen. Meist ging es um Streitigkeiten der Bewohner, die die beiden zu aller Zufriedenheit beenden konnten. Man hatte den Eindruck, dass sich die Lebenslust der Stadtbewohner dadurch steigern würde.

Doch, eines Morgens kam Folkwin aufgeregt zu Marcus und berichtete außer Atem: „Heute morgen ist ein Toter im Hafentempel aufgefunden worden. Ich habe mich mit Haduwulf sofort zum Tempel begeben, um uns davon zu überzeugen. Wir fanden einen gut gekleideten Mann, der mit durchgeschnittener Kehle auf dem Boden lag. Sein Körper war schon kalt, er muss wohl gestern Abend seinen Mörder getroffen haben. Es sieht so aus, dass er beraubt wurde. Haduwulf ist noch dort und erkundigt sich in der umliegenden Gegend nach Auffälligkeiten." „Das war eine gute Entscheidung", antwortete Marcus, „wir müssen so schnell wie möglich diesen Mord aufklären!" Als Marcus mit Folkwin am Hafentempel ankam, stand schon eine Traube von Menschen um den Toten. Als er diesen in Augenschein nahm, war er sehr bestürzt. Er kannte ihn, es war der Hafenmeister Maximus, der ausgeraubt vor ihm lag. Wie oft hatte er mit ihm über die Belange der Hafenverwaltung gesprochen. Erst vor einigen Tagen war mit ihm die Errichtung eines neuen Lagergebäudes vereinbart worden. Die Stadt wuchs und mit ihr auch der Vorratsbedarf für die wachsende Anzahl der Bewohner. „Wer hat von euch gestern Abend etwas Ungewöhnliches bemerkt?", fragte er die Umstehenden, „hier liegt unser Hafenmeister. Sein Tod muss unbedingt aufgeklärt werden. Ich setze eine Belohnung von fünf Dinaren aus für Hinweise auf den Mörder!" Betretenes Schweigen machte sich bemerkbar, bis einer kurz mit dem Kopf in Richtung Marcus nickte. Dieser gab ihm zu verstehen, dass er ihm unbemerkt folgen sollte.

Folkwin bekam nun den Auftrag, die Umstehenden zu entfernen, damit er ungestört mit dem Zeugen reden könnte. Dieser folgte ihm in den Tempel und begann stockend seine Geschichte: „Ich kam gestern Abend bei Einbruch der Dämmerung durch das Hafentor und sah Maximus den Tempelvorplatz betreten.“ „Weiter, weiter“, drängte Marcus, „ich muss alles wissen!“ „Dann sah ich, dass ihm zwei Gestalten folgten und hörte kurz darauf einen lauten Aufschrei. Etwas später rannten die beiden Gestalten in Richtung Hafentor, ich konnte mich noch rechtzeitig verstecken.“ „Kannst du mir die Personen beschreiben?“, fragte Marcus weiter, „dann wissen wir, nach wem wir suchen müssen.“ „Die beiden waren von dunkler Hautfarbe und hatten einfache Tunika an, ich vermute, es waren Sklaven von irgendeinem Gutshof in der Nähe.“ „Wenn wir durch deine Aussage die Mörder finden, dann erhältst du die versprochenen fünf Dinare von mir. Wo kann ich dich finden?“ „Ich bin tagsüber im Hafenlager beschäftigt, frage nach Obaritus, da kennt mich jeder.“ Nach diesen Worten entließ Marcus den Zeugen und wandte sich seine Mitarbeiter. Sie bekamen den Auftrag, alle Gutshöfe in der Umgebung abzusuchen. Wenn sie auf zwei Dunkelhäutige treffen sollten, die verdächtig wirken, müsste er sofort benachrichtigt werden. In jedem Fall sollten sie ihn gegen Abend für eine Lagebesprechung zu Hause aufsuchen. Mit den Worten: „Du kannst dich auf uns verlassen!“, waren beide weg. Marcus ließ von den Torwachen die Leiche auf den Begräbnisplatz bringen. Maximus war allein stehend und war Stammgast im städtischen [48]Lupinar gewesen. Der nächste Schritt war die Unterrichtung von Aulus Plautius, der Statthalter musste sofort über diese schreckliche Tat informiert werden. Es galt auch, den mittlerweile zehntausend Einwohnern dieser Stadt ihre Sicherheit zurückzugeben. Jetzt bin ich schon das vierte Jahr hier, überlegte Marcus unterwegs, früher wurden Morde dieser Art nicht immer aufgeklärt. Aber ich habe jetzt die Gelegenheit, mit meinen Männern Abhilfe zu schaffen.

„Wir müssen umgehend die Mörder finden“, meinte Aulus Plautius nach dem Bericht, „weil einer unserer Beamter getötet wurde. Außerdem habe ich ihm gestern Morgen eine große Summe übergeben, damit er das Material für die neue Lagerhalle kaufen sollte. Nun, unsere Verwaltung muss als Stütze der Sicherheit in unserer Stadt wahrgenommen werden. Deshalb ist es wichtig, den Mord so schnell wie möglich aufzuklären!“ „Meine Männer sind schon unterwegs und suchen die Mörder“, fiel Marcus ihm ins Wort, „ich habe eine gute Beschreibung von einem Augenzeugen.“ „Gut, unterrichte mich, wenn ihr sie gefunden habt!“, antwortete der Statthalter. Sie werden dann ihrer gerechten Strafe nicht entgehen.“

Nach diesem Gespräch brach Marcus auf, um zu Hause seine Familie zu informieren. „Ich bin entsetzt“, sprach Lucius, „wie oft habe ich mit Maximus über unsere Lieferungen gesprochen und ihn als guten Men-

---

[48] Bordell

schen wahrgenommen. Dieses ruchlose Ende hat er nicht verdient. Ich hoffe, dass du die Mörder findest!" „Meine Männer sind schon auf der Suche", erwiderte Marcus, „wir werden sie sicher finden. Heute Abend erfahre ich von ihnen, ob sie erfolgreich waren." Die Zeit bis dahin nutzte Marcus, um sich seiner Familie zu widmen. Diana war froh über diesen Umstand, hatte sie doch ihren Liebsten selten tagsüber zu Hause. Zuerst suchten sie das Grab von Sabina auf, sie war immer noch ein Teil ihres Lebens, dann kehrten sie bei Livius in ihrer Stoffhandlung ein. „Da sich Vater weitgehend von unseren Geschäften zurückgezogen hat", empfing er sie während der Kontrolle einer neuen Lieferung, „habe ich viel zu tun. Claudia beschwert sich schon bei mir, dass ich abends immer spät nach Hause komme. Aber die Arbeit macht mir Freude und ich bin stolz, dass Vater mir so viel Vertrauen schenkt." „Wenn es meine Zeit erlaubt, werde ich dich immer unterstützen", meinte Marcus, „ich hatte es dir versprochen. Aber im Moment ist die Suche nach den Mördern von Maximus wichtig." „Ich habe von dieser Missetat gehört", warf Livius ein, „die ganze Stadt spricht davon. Es wird an dir liegen, diese Tat zu sühnen." Nach einem kurzen Aufenthalt gingen sie weiter, um nach dem Baufortschritt ihres Hauses zu sehen. Als sie im Atrium standen, sprach Diana nach ihrem ersten Eindruck: „Hier werden wir ein schönes Leben haben. Ich freue mich schon jetzt, wenn wir endlich einziehen können!" „Am Ende dieses Frühjahres ist es soweit", antwortete Marcus, „du wirst sehen, wie schnell die Zeit bis dahin verrinnt!“

Gegen Abend kamen wie versprochen, seine Männer und teilten ihm das Ergebnis ihrer Suche mit. Folkwin hatte sich mittlerweile zum Wortführer entwickelt und berichtete: „Auf einem Gutshof, der in der Nähe des Kastells liegt, haben wir einiges erfahren. Der Besitzer erzählte uns, dass er seit gestern Abend zwei dunkelhäutige Sklaven vermissen würde. Er hätte sie nachmittags zum Hafen geschickt, um eine Ladung frisch gefangener Fische zu holen. Seitdem sind sie verschwunden. Er hatte die beiden erst vor einiger Zeit auf dem Markt erworben, aber sie hätten Unruhe unter den anderen Sklaven verbreitet.“ „Hat denn der Besitzer mehr über die beiden erfahren können?“, fragte Marcus,“ vielleicht gibt es irgend welche Äußerungen, die er über sie gehört hat!“ „Er meinte, es könnten abtrünnige Legionäre sein, weil sie mit ihrer Kampferfahrung unter seinen Sklaven geprahlt hätten“, antwortete Folkwin, „außerdem würde eine Verbindung nach Novaesium bestehen.“ Marcus legte seine Stirn in Falten und teilte dann den beiden seine Entscheidung mit: „Wir brechen morgen früh auf und reiten in diese Richtung! Es kann sein, dass die Mörder diesen Weg eingeschlagen haben. Vielleicht gibt es da irgendwo einen Ort, den sie von früher her kennen.“

Es war ein kühler Morgen, als drei Reiter das Südtor passierten und dann Richtung Noavesium galoppierten. Sie hatten sich vorgenommen, unterwegs Personen zu befragen, denen seit gestern Abend zwei Dunkelhäutige begegnet seien. Kurz vor Gelduba teilte ihnen ein Fischer mit, dass er um Mitternacht zwei Gestalten auf einem Pferd gesehen hatte: „Ich war auf dem Heimweg mit meinem Fang, weil die Fische um diese Zeit am besten zu fangen sind. Da sah ich in einiger Entfernung die beiden im Mondlicht außerhalb der Strasse reiten und dachte noch, warum nehmen sie einen Umweg. Auf der Strasse kommt man doch schneller vorwärts." „Hast du denn bemerkt, welche Richtung die beiden eingeschlagen haben?", fragte Marcus weiter. „Ja, der Pfad führt in ein größeres Waldstück hinter Gelduba. Niemand hält sich dort gerne auf, weil von bösen Geistern die Rede ist. Manchmal hört man von dort erbärmliche Schreie, die nicht von Menschen stammen können." Marcus hatte genug gehört und ritt mit seinen Männern in diese Richtung. Bevor sie den Waldrand erreichten, ließ er absatteln und die Pferde in einer Mulde anbinden. „Wir pirschen uns jetzt jeder mit einem Abstand von zehn Armlängen geräuschlos in den Wald!", befahl er dann, „und haltet eure Kurzschwerter bereit, um jederzeit einen Angriff abzuwehren!" Die Zeit verrann, bis sie aus der Ferne einige Sprachfetzen hörten. Noch vorsichtiger krochen sie nun auf allen Vieren in diese Richtung und gewahrten eine Lichtung voraus. Sofort gingen sie hinter einem großen Strauch in Deckung und beobachteten die Lage. In der Mitte stand eine einfache Holzhütte, davor saßen fünf Gestalten an einem rauchlosen Lagerfeuer. Ihre Waffen lagen griffbereit, die beiden dunkelhäutigen waren auch anwesend. Der größere von ihnen erhob wieder das Wort und sprach: „Jetzt haben wir ein kleines Vermögen und können diese Gegend hinter uns lassen. Man wird uns sicher suchen, ihr drei habt ja auch hier einige Menschen zu Tode gefoltert, um an deren Reichtum zu kommen. Wir müssen in den Süden ziehen, da kennt uns niemand!“ „Brabus braucht auch ein Pferd“, bemerkte ein anderer, „mit vier Pferden sind wir zu langsam.“ „Wenn es heute dunkel wird, holen wir uns ein Pferd von dem Gutshof, der in der Nähe liegt. Dann reiten wir gegen Süden, der volle Mond zeigt uns den Weg“, sprach wieder der Dunkelhäutige, er schien wohl der Anführer zu sein.

Marcus hörte zerknirscht zu. Wenn wir jetzt Pfeil und Bogen mitführen würden, dachte er bei sich, dann hätte man schon mindestens zwei von denen ausschalten können. Im Moment sind die Mörder in der Überzahl. Ich muss mir etwas einfallen lassen. Auf Folkwin und Hadewulf konnte er sich verlassen, es waren ja geübte Kämpfer. Aber er hatte noch nicht das kämpferische Durchsetzungsvermögen, weil er zu wenig Kampferfahrung vorweisen konnte. Was sollte er jetzt unternehmen? Da kam ihm schlagartig die Erleuchtung. Er müsste mit seinen Männern geräuschlos hinter die Hütte schleichen und dann von beiden Seiten die Mörder in die Zange nehmen. Das Überraschungsmoment wäre in dem Fall auf ihrer Seite. Er informierte seine Begleiter über sein Vorhaben und gemeinsam setzten sie den Angriff in die Tat um. Nachdem sie ohne entdeckt zu werden, den Ausgangspunkt erreichten, schlichen sie rechts und links um die Hütte und seine Männer töteten mit einem Schwerthieb die beiden außen sitzenden Mörder. Die Überraschung war gelungen, jetzt galt es drei gegen drei. Marcus hatte den beiden vorher eingeschärft, wenn möglich, die Dunkelhäutigen lebend zu fassen. Deshalb griff er mit seinem Schwert die letzte, noch verbliebene Gestalt an. Dieser wehrte gekonnt den ersten Hieb ab und hieb sein Schwert in Richtung von Marcus Hüfte. Blitzschnell parierte Marcus diesen Hieb, sein Arm vibrierte von dem Aufprall des gegnerischen Schwertes. In diesem Moment setzte sein unbedingter Tötungswille ein und er kreuzte mit dem Feind mit aller Kraft seine Waffe. Jeder von ihnen versuchte, eine Lücke in der Deckung zu finden, um den Todesstoß zu setzen. Dann wisch Marcus einen Schritt zurück und hob sein Schwert, um sich auf den nächsten Angriff vorzubereiten. Da täuschte sein Gegner einen Stoss in den Unterleib an. Marcus reagierte blitzschnell und hieb von oben herab auf dessen Schwertarm. Dabei trennte er ihn von dessen Oberarm ab. Dieser sah ihn ungläubig an und Marcus nutzte die Gelegenheit, sein Schwert bis zum Heft in dessen Unterkörper zu stoßen. Mit einem Aufschrei sank dieser tödlich getroffen auf den zerstampfen Waldboden. Erst jetzt hatte er Zeit, nach seinen Begleitern zu sehen. Die beiden hatten ganze Arbeit geleistet. Einer ihrer Gegner lag tot auf der Erde, der andere hatte eine große Fleischwunde am rechten Oberschenkel und jammerte vor Schmerzen. Folkwin und Haduwulf dagegen hatten außer kleineren Blessuren nichts abbekommen. Meine gute

Auswahl hat sich gelohnt, dachte Marcus, die beiden verstehen ihr Metier.

Nachdem sie den Verletzten notdürftig verbunden hatten, wurde die Hütte nach dem Raubgut untersucht. Sie fanden mehrere Beutel Münzen, auch den Beutel von Maximus, des Weiteren Gold- und Silberwaren verschiedenster Art. Daraufhin befahl Marcus, alles einzupacken und den Verletzten auf ein Pferd zu binden. Am späten Nachmittag ritten sie durch das Südtor in die Stadt zurück. Die Menschen schauten neugierig auf die Ankommenden. Es war für sie ungewöhnlich, dass eine Person bäuchlings auf einem Pferd festgebunden wurde. Im Vorhof der Stadtverwaltung ließ Marcus absitzen, den Verletzten brachten sie sofort in ein Verließ. Dann ging Marcus zu Aulus Plautius, um ihn über das Ergreifen von Maximus Mörders zu unterrichten. „Das ist eine gute Fügung des Schicksals", meinte der Statthalter im Anschluss, „sein Tod ist hiermit besiegelt. Ich lasse ihn morgen in aller Öffentlichkeit hinrichten und heute durch unseren Ausrufer dieses Ereignis der Stadt mitteilen lassen. Unsere Bewohner sollen sich davon überzeugen, wie wir mit diesem Gesindel verfahren!" Er war nämlich als oberster Richter in Vertretung des Kaisers für Urteile in der Stadt zuständig. Auch reiste er zur Rechtsprechung durch die Provinzen und hielt an bestimmten Orten Gerichtstage ab. Nach diesem Gespräch eilte Marcus nach Hause, um über seinen Erfolg zu berichten.

Am nächsten Tag eilten viele gegen Mittag zum Forum, denn hier sollte der Mörder von Maximus enthauptet werden. Auf dieses Schauspiel waren die Bewohner gespannt, weil die letzte Vorstellung im Amphitheater schon lange vornüber war. Der Andrang war gewaltig, jeder drängte sich nach vorne um besser sehen zu können. In der Mitte des Forums wurde ein großer Holzklotz platziert, auf dem die Enthauptung stattfinden sollte. Nach einiger Zeit schleifte Haduwulf den Delinquenten unter Gejohle der Zuschauer auf den Hinrichtungsplatz, Folkwin folgte ihm mit einem Langschwert. Als der Mörder den Holzklotz erblickte, schrie und jammerte er abwechselnd, auch ließ er vor lauter Angst seine Fäkalien unter sich gehen. Aber sein Schicksal war besiegelt. Haduwulf fesselte ihn auf dem Holz, so, dass er bewegungslos seinen Tod hinnehmen musste. Folkwin stellte sich neben ihn und hob sein Schwert. Nach unendlich langer Zeit, der Dunkelhäutige jammerte jetzt leise vor sich hin, sauste das Schwert nieder und mit einem schmatzenden Geräusch fiel der abgetrennte Kopf zu Boden. Jetzt kam Bewegung in die Zuschauer, nach der unheimlichen Stille während der Hinrichtung jubelten die Anwesenden erleichtert über den Tod des Mörders.

Marcus hatte mit dem Statthalter vereinbart, dass zukünftig Folkwin und Haduwulf für die Vollstreckung von Todesurteilen zuständig waren. Normalerweise wurde dies bei Veranstaltungen im Amphitheater durchgeführt, aber es gab Fälle, in denen man vorher handeln musste. Er selbst war der Hinrichtung ferngeblieben, weil er immer noch Probleme bei solchen Veranstaltungen hatte. Am Nachmittag ging er mit Diana zu ihrem Haus. Der oberste Baumeister hatte ihm mitgeteilt, dass die Fertigstellung kurz bevorstand. Man hatte wohl drinnen seine Ankunft gesehen, denn als sie eintraten, fand er die Handwerker emsig bei ihrer Arbeit. Die Tischler passten die neuen Türen an und die Mosaikleger waren dabei, die dünnen Fugen auszufüllen. Auf dem glatten Innenputz erstrahlten die Fresken, die er mit Diana ausgesucht hatte. Auch gab es eine Wasserleitung, man konnte also an mehreren Stellen im Haus Wasser entnehmen. Er probierte die Hähne aus, die Technik funktionierte einwandfrei. Wichtig war ihm die Toilette in seinem Haus gewesen. Er begutachtete den kleinen Raum und nahm erfreut zur Kenntnis, dass diese mit dem öffentlichen Abwassersystem verbunden war. Mittlerweile kam der Baumeister dazu und eröffnete ihm, dass der Einzug in den nächsten Tagen stattfinden könnte. „Dann wird unser zweites Kind in unserem neuen Haus geboren werden", frohlockte Diana, „ich spüre, dass es nicht mehr lange dauert!" Marcus drückte seine Frau liebevoll und dankte dem Baumeister für die rechtzeitige Fertigstellung ihres Hauses.

Am nächsten Tag teilte ihm der Statthalter mit, dass er heute einen Gerichtstag in Gelduba abhalten würde. Er solle ihn begleiten, damit er vielleicht auch auf seinen Rat zurückgreifen könne. Marcus freute sich über das entgegengebrachte Vertrauen und eine Stunde später saßen beide in einem leichten Reisewagen auf dem Weg dorthin. Folkwin und Haduwulf ritten hinter dem Wagen her, sie waren für die Sicherheit und einer möglichen Vollstreckung zuständig. Als sie ankamen, war schon der zentrale Platz in der Mitte der Siedlung voll von Menschen.

Man hatte einen Tisch mit mehreren Sitzgelegenheiten am Rande des Platzes aufgebaut. Der Statthalter und Marcus nahmen Platz und der Ältestenrat setzte sich nach einer Begrüßung neben sie. „Über welche Fälle muss denn heute gerichtet werden“, begann Aulus Plautius, „letztes Mal ging es ja nur um kleinere Straftaten.“ Severus, so hieß der Angesprochene, antwortete nach kurzer Überlegung: „Wir müssen über vier Taten verhandeln, die sich seit unserer letzten Sitzung zugetragen haben. Im ersten Fall hat ein Bauer seinem Nachbar die Pflugschar entwendet, im zweiten Fall wurde der Kauf eines Pferdes mit falschen Münzen bezahlt, im dritten Fall vergewaltigte ein reisender Kaufmann die Frau eines ansässigen Händlers und im letzten Fall konnte einer unserer Bauern nicht die Steuer in Form von vier Sack Weizen entrichten!“ „Dann möge jetzt der Bauer wegen der Pflugschar hervortreten“, begann der Statthalter die Verhandlung, „und er soll sich zu seinem Vergehen äußern!“ Der Angesprochene trat mit gesenktem Haupt vor den Verhandlungstisch und sprach: „Ich musste meine Felder bestellen. Da mein Pflug durch einen dicken Stein zerbrach, habe ich ungefragt den meines Nachbarn genommen. Aber ich konnte ihn nicht mehr zurückgeben, weil ihn das gleiche Schicksal ereilte.“ Aulus Plautius überlegte kurz und urteilte dann: Du gibt’s dem Geschädigten innerhalb von dreißig Tagen fünf Denare als Entschädigung für deine Tat, ansonsten fällt dein Hof unserer Stadtverwaltung zu!“ Der Bauer stimmte kleinlaut dem Urteil zu und der nächste Fall wurde aufgerufen. Ein Hofgutbesitzer aus der Nähe beteuerte sprachgewandt, dass er selbst reingelegt worden war und das Falschgeld zum Kauf des Pferdes eingesetzt hatte. „Du kannst deine Dummheit nicht anderen anlasten“, urteilte Aulus Plautius, „das Pferd wird zurückgegeben und als Strafe empfängst du fünfzehn Peitschenhiebe, die am Ende der Verhandlung ausgeführt werden!“ Der Hofgutbesitzer war entsetzt über das Urteil und wurde klagend Haduwulf zur Bewachung übergeben. Jetzt brachten zwei stämmige Bauern den gefesselten Vergewaltiger an den Verhandlungstisch. „Was hast du zu deiner Verteidigung anzuführen?“, sprach nun der Statthalter. Der Angesprochene blieb stumm, er wusste wohl, dass sein Schicksal schon besiegelt war. „Solche Taten werden laut den römischen Gesetzen mit dem Tod bestraft“, sprach der Statthalter unter Zustimmung der Anwesenden weiter, „das Urteil wird nach der Verhandlung vollstreckt!“ Marcus war es unwohl bei dem Gedanken einer Hinrichtung, in seiner Zeit wäre dieser Täter mit einer Gefängnisstrafe davongekommen. Er musste sich einfach daran gewöhnen, dass in der Römerzeit anders geurteilt wurde. Im letzten Fall stand nun der Bauer vor Gericht, der seine Steuerschulden nicht begleichen konnte. Daraufhin angesprochen, teilte er mit ängstlicher Stimme mit: „Der größte Teil meiner Ernte ist durch einen Brand auf unseren Feldern vernichtet worden. Den übrig gebliebenen Rest brauchten wir zum Überleben, sonst hätte meine Familie hungern müssen. Deshalb war ich nicht in der Lage, die geforderte Abgabe dem Steuereintreiber zu geben!" Jetzt regte sich in Marcus sein Gerechtigkeitssinn, er wandte sich zu Aulus Plautius und sagte leise: „Wenn ein Steuerzahler verhungern muss, dann fällt er für die weitere Zukunft als Zahler weg. Sei gerecht und die Bevölkerung wird es dir danken, wenn der Bauer nicht bestraft wird!" Aller Augen waren jetzt auf den Statthalter gerichtet und nach einem Räuspern erklärte er: „Ich erlasse dir die Abgabe für dieses Jahr, damit die Anwesenden erfahren, dass wir keine Unmenschen sind!" Ein zustimmendes Gemurmel begleitete den letzten Urteilsspruch, man sah die Zufriedenheit der Umstehenden in ihren Gesichtern. Dann wuchs wieder die Anspannung, weil jetzt die Urteile vollstreckt wurden. Haduwulf band den Hofbesitzer an einen bereitstehenden Pfahl und Folkwin begann mit seinen Stockschlägen auf den entblößten Rücken des Verurteilten. Sein Winseln wurde mit jedem Hieb leiser, nach dem letzten Schlag versorgten seine Angehörigen die offenen Wunden. Danach legten sie ihn auf einen Wagen und brachten den Verletzten nach Hause. Jetzt führte Haduwulf den heulenden Vergewaltiger vor den Richtertisch und ließ ihn hinknien. Folkwin näherte sich von hinten mit gezogenem Schwert und stach ohne zu zögern dem Verurteilten den blanken Stahl von oben durch den Halsansatz bis in den Brustbereich. Mit einem im Ansatz beginnenden Aufschrei war damit sein Leben zu Ende.

Die Anwesenden diskutierten noch eine Zeit lang das Geschehen und verließen dann nach und nach den Gerichtsplatz. Die beiden ehemaligen Legionäre, die Marcus zu seinen Gesetzeshütern bestimmt hatte, schleiften den Toten vom Platz und beerdigten ihn am Rande der Siedlung. Nach der Verabschiedung von Severus drängte nun der Statthalter zum Aufbruch, er wollte rechtzeitig wieder in Colonia Ulpia Traiana zurück sein. Nach einer Zeit des Schweigens wandte er sich zu Marcus und meinte: „Den Bauern wegen seiner Steuerschuld nicht zu bestrafen, war eine gute Idee von dir. Daran kann die Bevölkerung erkennen, dass wir gerecht urteilen. Den Verlust können wir verkraften!" „Ich habe dabei an die Zukunft gedacht", antwortete Marcus, „nur zufriedene Menschen stehen hinter unserer Verwaltung!" „Durch deine Mitarbeit wird unser Land viele Vorteile in der Zukunft haben", war sein Kommentar dazu.

Die Tage vergingen und endlich war es soweit, dass Marcus mit seiner Familie in das neu erbaute Stadthaus einziehen konnte. Es war höchste Zeit, denn Diana stand kurz vor der Geburt ihres zweiten Kindes. In der zweiten Woche fingen ihre Wehen an. Die ganze Familie befand sich im Haus, um den neuen Erdenbürger zu begrüßen. Die ältere Römerin, die als Hebamme fungierte, hatte Marcus rechtzeitig holen lassen. Nun warteten sie alle im Tablinum auf die Geburt. Der werdende Vater lief unruhig im Raum hin und her. Er dachte dabei an das Schicksal von Sabina und hoffte, dass alles gut verlaufen würde. Plötzlich riss Julia die Tür auf und stürmte in das Tablinum. Zur Unterstützung der Hebamme war sie bei der Geburt anwesend gewesen und brachte jetzt die gute Nachricht: „Ein gesundes Mädchen ist angekommen und Diana ist auch wohlauf!“ Marcus war nicht mehr zu halten und rannte zu seiner Frau. Überglücklich nahm er sie in seine Arme und dann schauten beide auf das kleine Bündel, was vor ihnen lag. Die Haut war noch sehr gerötet und einen leichten Flaum mit schwarzen Haaren konnte man schon erkennen. „Wir geben ihr den Namen Florentina!“, flüsterte Diana leise, „ für diesen Namen hatten wir uns entschieden, wenn es ein Mädchen sein sollte.“ „Der Name passt zu ihr!“, meinte Marcus, „sie ist jetzt schon wunderschön.“ Den Rest des Tages feierte die Familie auf den Neuzugang von Florentina. Vor drei Wochen hatte schon Claudia auch ein Mädchen zur Welt gebracht. Laelia, so hieß die Kleine, war der ganze Stolz von Livius. Er musste seine Söhne Remus und Vitus immer wieder daran erinnern, dass die Schwester kein Spielobjekt für sie sei.

Das Frühjahr neigte sich dem Ende zu, die Zeit verging Marcus wie im Fluge. Durch seine Arbeit in der Stadtverwaltung und die gelegentliche Aushilfe bei Livius hatte er wenig Zeit für seine Familie. Nachdem Diana eines Tages ihn deshalb kritisierte, versprach er, Abhilfe zu schaffen. Schon am übernächsten Tag nahm er sich frei, ihre Kinder ließen sie bei Julia, und brachen zu einem Wandertag auf. In Erinnerung an ihre frühere Zeit führte ihr Weg außerhalb der Stadt in Richtung Legionslager. Es war ein schöner sonniger

Tag, der Himmel spannte sich wolkenlos über den Rhenus. Ein ideales Wetter, um den Tag in der Natur zu vollbringen. Sie hörten das Gezwitscher der Vögel in den Bäumen und gelegentlich sahen sie Rehe am Waldrand gegenüber des alten Lagers äsen. Marcus zog es immer wieder auf dieses Ruinengelände. Es ging ihm nicht aus dem Sinn, dass damals Varus von hier aus mit seinen drei Legionen in den Tod marschiert war. Unterwegs kam ihnen ein einsamer Reiter entgegen und Marcus griff zur Sicherheit nach seiner Schwertscheide. Sein Leben in der Römerzeit hatte ihn vorsichtig werden lassen, der Tod außerhalb von Siedlungen war ein ständiger Begleiter. Auf Augenhöhe hielt der Reiter an und Marcus traute seinen Augen nicht. Vor ihm saß Tigellinus auf seinem Pferd, der Kommandant vom Kastell Saalburg. Jetzt erinnerte er sich, dass er ihm etwas versprochen hatte. Aber durch sein angespanntes Leben hatte er ihn einfach vergessen. „Ich habe mit meinem Legat über meine Versetzung ins Lager Vetera gesprochen“, teilte er Marcus mit, „er ist damit einverstanden und hat mir ein Schreiben mitgegeben. Hast du für mich und meiner Frau in der Zwischenzeit nach einer Unterkunft gesucht?“ „In unserer Nachbarschaft wird eine schöne Wohnung frei, die könnte ich für euch bereitstellen lassen“, fiel Marcus ein, „regele dein Ersuchen bei dem Kommandanten von Vetera und sage mir Bescheid!“ „So machen wir es“, antwortete Tigellinus und ritt mit einem Gruß weiter, nachdem Marcus ihm noch seine Frau Diana vorgestellt hatte. Dann erzählte er ihr von seiner Bekanntschaft mit Tigellinus und hoffte, dass daraus eine gute Freundschaft entstehen könnte. „Unser neues Haus, zwei gesunde Kinder und ein gutes Einkommen, schöner kann unsere Zukunft nicht werden“, meinte Diana dann, „ich bin so froh, dass du in mein Leben getreten bist!“ Er sah ihr in die Augen und flüsterte: „Du bist mein Leben, ohne dich wäre meine Welt düster und leer!“

Der Rest des Tages verlief sehr harmonisch, gegen Abend kamen Dianas Eltern, um sich nach Florentina zu erkundigen. Die nächsten Tage war Marcus oft mit dem Statthalter im Gespräch. Er musste ihm unbedingt klarmachen, in seinem Umfeld keine Christenverfolgung vorzunehmen. Er überzeugte ihn davon, dass in seinem alten Leben das Christentum die größte religiöse Gemeinschaft der Welt sein würde. Aulus Plautius versprach ihm, seiner Bitte nachzugeben, obwohl er damit gegen den Auftrag des Kaisers handelte. Irgendwie würde er Wege finden, den Befehl zu umgehen. Marcus dankte ihm, dass seinen Christenfreunden dadurch mehr Sicherheit gegeben war. Mittlerweile war auch die Anzahl der Verbrechen zurückgegangen, weil die Bevölkerung die Anwesenheit seiner Gesetzeshüter nicht mehr ignorierte. Inzwischen war Tigellinus im Legionslager als Centurio eingesetzt worden und hatte seine Frau Amata nachkommen lassen. Eines Abends standen sie vor dem Haus von Marcus, um sich die besagte Wohnung anzusehen. Er hatte mittlerweile mit dem Hausbesitzer gesprochen und die Wohnung für die beiden freigehalten. Die Besichtigung verlief zufrieden stellend und anschließend lud Marcus die beiden zum Essen ein. „Mein Gatte hat nur Gutes über dich berichtet“, sprach Amata während der Mahlzeit zu Marcus, „wir sind beide froh, in eurer Nähe zu leben!“ „Das sehe ich auch so“, erwiderte er, „durch unsere Freundschaft habe jetzt auch noch eine gute Verbindung zum Legionslager. Trinken wir auf eine gute Zukunft!“ Tigellinus sah das ebenso und die beiden Frauen empfanden von Anfang an viel Sympathie füreinander.

In den nächsten Jahren begann nun eine Zeit des Friedens in Niedergermanien. Nur im Bereich der Donau gab es immer wieder heftige Überfälle durch die Langobarden und Markomannen.

Der Statthalter und Marcus waren mit den täglichen Verwaltungsaufgaben beschäftigt, die auf Dauer zu einer langweiligen Routine führten. Aber er konnte mit dem Statthalter einige Neuerungen beschließen, unter anderem einige öffentlichen Toiletten und eine Sammelstelle für den anfallenden Müll der Stadtbewohner. Auch ließen sie regelmäßig Spiele im Amphitheater stattfinden, diese Unterhaltung war nicht wegzudenken in der römischen Gesellschaft. Sie war der Bevölkerung genauso wichtig wie die Lebensmittelversorgung. Diese Neuerungen wurden von den Menschen dankbar angenommen. Eines Morgens kam Marcus in das Verwaltungsgebäude und fand einen aufgeregten Statthalter vor. „Was ist passiert?“, stieß Marcus erschrocken aus, „gibt es schlimme Nachrichten aus der Provinz?“ „Nein“, gab er zurück, „heute morgen hat mir ein Bote mitgeteilt, dass in den nächsten Tagen Kaiser Marc Aurel zu uns kommt. Ich hoffe, dass unsere Zurückhaltung gegenüber den Christen nicht zu ihm vorgedrungen ist." Marcus überlegte kurz und meinte: „Wir haben im Verborgenen gehandelt, bis Rom ist sicher nichts bekannt geworden." Aulus Plautius beruhigte sich daraufhin und sprach: „Dann warten wir ab, welches Anliegen der Kaiser zu uns bringt." Drei Tage später ritt der Kaiser mit seinem Gefolge durchs Stadttor und nahm den Weg zum Verwaltungsgebäude. Sein Kommen hatte sich mittlerweile rund gesprochen und die Strassen waren in kurzer Zeit voll von Menschen. Marc Aurel hob gelegentlich seine Hand zum Gruß, die Bewohner dankten es ihm durch freudige Zurufe. Der Statthalter hatte Marcus um seine Begleitung gebeten und gemeinsam standen sie am Eingang der Verwaltung, um den Kaiser zu begrüßen. Dieser stieg von seinem Pferd und der Statthalter begrüßte ihn mit: „ Ave Imperator, sei uns willkommen!" Marc Aurel erhob seine Hand zum Gruß und ließ sich mit zwei seiner Prätorianer in ein Besprechungszimmer führen. Dort angekommen, sah er die beiden Stadtoberen kurz an und sprach dann: „Ich bin hier, um dich, Aulus Plautius mit nach Rom zu nehmen. Die Geschicke deiner Stadt hast du gut geleitet, deine hervorragende Arbeit ist bis Rom bekannt. Deshalb brauche ich jemand im Senat, der sein Wissen um die Germanen mit einbringt. Auch habe ich einiges über deinen Stellvertreter gehört, der neben dir steht. Darum ist es mein Wunsch, dass er deine Nachfolge antritt. Die Stämme der

Langobarden und Markomannen bereiten mir sehr viel Sorge, da sie die Civitas und Kastelle am Danubius zerstören. Darum habe ich unter anderem die Reise nach Germanien angetreten!“ Nach dieser Rede rang Aulus Plautius um Worte und Marcus war wie vom Donner gerührt. Er als Statthalter von Colonia Ulpia Traiana, nie im Traum hätte er an so was gedacht. „Es hat euch wohl die Sprache verschlagen“, äußerte sich jetzt der Kaiser, „aber ich habe so entschieden.“ Aulus Plautius löste sich aus seiner anfänglichen Starre und versicherte: „Natürlich folge ich dir, mein Kaiser. Es ist mir eine Ehre, meinen Rat im Senat kund zu tun. Und unsere Stadt wird durch Marcus bestens verwaltet, weil er mittlerweile mit allen Arbeiten vertraut ist!“ „Nun zu dir, Marcus“, stellte der Kaiser fest, „ich ernenne dich ab heute zum neuen Statthalter von Colonia Ulpia Traiana und lasse es durch eure Stadtdiener ausrufen!“ Jetzt war es an Marcus, der weiche Knie bekam. Er hatte zuerst Mühe, dem Kaiser zu antworten, doch dann sprach er: „Ich danke dir für dein Vertrauen und werde auch im Sinne von Aulus Plautius unsere Stadt weiterhin verwalten!“ Marc Aurel war zufrieden mit seiner Entscheidung und erwähnte gegenüber Aulus Plautius, dass dieser in Ruhe packen sollte um dann in einigen Tagen mit seiner Familie nach Rom reisen müsse. Er selbst würde mit seinem Gefolge hier übernachten, um am nächsten Tag nach Treverorum zu reisen. Denn dort wollte er den Bau eines [49]großen Stadttores veranlassen.

Sein Ruf als neuer Statthalter war ihm schon vorausgeeilt. Als Marcus sein Haus betrat, stand die gesamte Familie im Tablinum, um ihm zu seiner Beförderung zu gratulieren. Sein Schwiegervater Lucius war voll des Lobes und Diana meinte: „Ich habe es immer geahnt, Fortuna steht auf unserer Seite!“

Am nächsten Morgen war Marcus schon in der Frühe im Verwaltungsgebäude, um sich mit der neuen Situation vertraut zu machen. Kaum saß er an den Steuerunterlagen, als ein Prätorianer den Raum betrat und ihm andeutete, dass der Kaiser ihn zu sprechen wünschte. Mit gemischten Gefühlen folgte er ihm, denn dass ein Kaiser nach ihm verlangte, wäre in seinem alten Leben nie vorgekommen. „Aulus Plautius ist noch einige Tage in der Stadt“, sprach Marc Aurel gleich zu ihm, „darum begleitest du mich heute nach Treverorum! Er hat mir von deinen Fähigkeiten erzählt, deshalb brauche ich deinen Rat für den Bau eines neuen Stadttores in Treverorum!“ Marcus reagierte blitzschnell, er kannte die Porta Nigra bestens und beschloss, dem Kaiser eine Zeichnung anzufertigen. Das Stadttor sollte so aussehen, wie er es aus seinem alten Leben in Erinnerung hatte. „Ich setze kurz meine Familie in Kenntnis“, antwortete er, „und bin dann sofort abreisebereit.“ Der Kaiser nickte und eine Stunde später ritten sie aus der Stadt. Marcus dachte unterwegs an die vielen Reisen,

---

[49] Porta Nigra

die er mit Livius und Vinicius unternommen hatte. Wie oft waren sie auf Wegelagerer gestoßen und konnten mit Glück ihr Leben retten. Aber im Gefolge des Kaisers fühlte er sich zum ersten Mal sicher. Gegen Abend erreichten sie das Legionslager in Bonn, um hier zu übernachten. Der Kaiser hatte mit Absicht das Lager aufgesucht, um die hier liegende Legion in den Donauraum zur Verstärkung zu entsenden. Er meinte, dass die vorhandenen Hilfstruppen zur Sicherheit in Bonn genügen würden.

Der nächste Tag begann mit einem leichten Nieselregen. Er wirkte wie eine Erfrischung an diesem sonnigen Morgen. Am Ende des Tages wollte der Kaiser Treverorum erreichen, er hatte sich einen engen Rahmen für die Planung des neuen Stadttores gesetzt. Sein Herrschaftsgebiet brannte nämlich an mehreren Ecken und deshalb war er zeitlich in Bedrängnis. Er war ein Getriebener, die gesamte Donaufront wurde von den Barbaren bedroht und viele seiner Legionäre fielen zusätzlich der Pest zum Opfer. Somit waren die Legionen geschwächt und forderten von ihrem Kaiser eine persönliche Führung in den Kampfeinsätzen. Deshalb mahnte er unterwegs sein Gefolge immer wieder zur Eile an. Marcus dachte bei sich, in seiner Haut möchte ich nicht stecken, als Führer eines großen Reiches wird man nie zur Ruhe kommen. Er war noch in Gedanken versunken, als er vom Kaiser gerufen wurde. „Wie ich von Aulus Plautius erfahren habe“, wendete sich der Kaiser an ihn, „steckt in dir ein großes Wissen. Deshalb möchte ich mit dir einen Plan erstellen, wie sich das Stadttor letztendlich in die vorhandene Bebauung einfügt!“ „Ich habe mir schon überlegt“, antwortete Marcus, „wie das Ganze am Schluss aussehen könnte. Nach der Besichtigung vor Ort lege ich meine Aufzeichnung vor und hoffe auf deine Zustimmung mein Herr.“ Marc Aurel war zufrieden mit dieser Aussage und sicherte ihm zu, seinen Vorschlag wohlwollend zu prüfen.

Der Regen hatte mittlerweile aufgehört und die Sonne strahlte unbarmherzig auf Menschen und Tiere herab. Diese Hitze machte das Reiten zur Qual und jeder sehnte sich dem Tagesziel entgegen. Endlich war im Tal die Stadt zu sehen, das Wasser der Mosel glitzerte in der flimmerten Luft wie Edelsteine zu ihnen hoch. Der Kaiser führte sein Gefolge zum Legionslager, welches auf einer kleinen Anhöhe lag. Die Wachen am Tor konnten es kaum glauben, dass der Kaiser persönlich an ihnen vorbei ritt. Sein Kommen war nicht angemeldet, deshalb glich das Lager jetzt dem eines Bienenstocks. Alle rannten durch die Lagerstrassen bis ihr Legat Secundinius schnell für Ordnung sorgte. Am Stabsgebäude angekommen wurde Marc Aurel schon vom Legat erwartet. Nachdem Secundinius ihn ehrfürchtig begrüßte sprach der Kaiser: „Mein Kommen hat für deine Legion keinen militärischen Hintergrund. Ich bin hier, um auf deiner Bitte hin das Nordtor der Stadt neu zu planen und errichten zu lassen. In meinem Gefolge ist jemand dabei, auf dessen Rat ich zurückgreifen werde.“ „Ich danke dir mein Herr“, erwiderte

Secundinius, „unsere Stadt wird durch dein Handeln über die Grenzen hinaus Beachtung finden!“

Marcus ließ es sich nicht nehmen, noch am Abend seine Freunde in der Stadt aufzusuchen. Als das Tor nach seinem Klopfen knarrend geöffnet wurde, stand Vinicius vor ihm und sah ihn überrascht an. „Du überbringst uns hoffentlich keine schlechten Nachrichten, weil du uns so unverhofft einen Besuch abstattest“, meinte er nach einer herzlichen Begrüßung, „tritt ein und berichte, was sich zugetragen hat!“ Mittlerweile war er mit Xenia verheiratet und beide wohnten zusammen mit seiner Mutter Antonia im Haus. Marcus erzählte, dass ihre Tochter Claudia mit Livius eine gute Ehe führen würde und mit ihrem Leben zufrieden war. Dann berichtete er über die Neuigkeiten der letzten Tage und das er gemeinsam mit Kaiser Marc Aurel wegen des neuen Stadttores gekommen war. Mit großem Entsetzen nahm die Familie die Ankunft des Kaisers auf, dieser war ja für seine Christenverfolgung bekannt. „Er hat jetzt andere Sorgen“, beschwichtigte sie Marcus, „und außerdem bin ich jetzt als Stadthalter in der Lage, euch zu beschützen!“ Erleichtert über diese Aussage entwisch die Angst der Familie und sie kamen überein, Claudia und den Rest der Familie in nächster Zeit aufzusuchen. Langsam breitete sich die Dunkelheit über der Stadt aus, für Marcus war es an der Zeit, wieder aufzubrechen.

Am nächsten Morgen besichtigte er mit dem Kaiser die Stelle, wo das neue Nordtor gebaut werden sollte. Marcus erklärte ihm, dass für den Bau zwei Stadthäuser weichen müssten und er ihm für den Neubau heute Nachmittag eine vorläufige Skizzierung vorlegen könnte. Er hatte sich damals genauestens über die Porta Nigra informiert und brachte sein Wissen über die Gebäudeform grob auf ein Pergamentpapier. Als Marc Aurel die Zeichnung anschließend studierte, sah er Marcus an und meinte: „Ich hätte es nicht besser machen können. Meine Bauingenieure werden sich mit dir in Verbindung setzen und nach deiner Anweisung den Bau errichten!“ Nach diesem Gespräch mahnte der Kaiser zum Aufbruch. Die Probleme an der Donaufront benötigten sein persönliches Eingreifen, seine Legionen verlangten nach seiner Anwesenheit. Er wusste, dass sonst eine Gefahr für einen Umsturz bestand. Nachdem der Kaiser mit seinem Gefolge abgerückt war, sattelte auch Marcus sein Pferd und begab sich auf den Heimweg. Jetzt erst kam ihm die Erkenntnis, was der Auftrag für den Bau der Porta Nigra für ihn bedeutete. Durch seine Zeitreise verschwommen Vergangenheit und Zukunft miteinander. Der Planer der Porta Nigra musste jemand anders sein. Er hatte ja nur dem Kaiser eine Zeichnung für den Bau vorgelegt, die er aus seiner Erinnerung her aus seinem alten Leben anfertigen konnte. Er grübelte unentwegt hin und her, aber gab es schließlich auf. Irgendwann würde ihm sicher ein Licht aufgehen.

Durch sein Grübeln war die Zeit im Nu verronnen, denn die Stadt Remagen, die Römer nannten sie Remagus, lag schon in Sichtweite unten im Rheintal. Er freute sich schon auf Arpus, denn in seiner Mansio gab es das beste Essen in dieser Gegend. Dieser begrüßte ihn wie einen alten Freund und brachte ihm sogleich sein Tagesmenü an den Tisch. Es gab leckeren Lammeintopf mit Linsen und Brot. Dazu trank Marcus einen gewürzten Wein, das so genannte Mulsum. Er war immer wieder überrascht, dass ihm die römischen Gerichte mit den vielen Gewürzen und dem Garum einen regelrechten Gaumenschmaus verschaffte. Nach dem Essen setzte sich Arpus an seinen Tisch und meinte: „Ich habe euch schon längere Zeit vermisst. Wo hast du denn Livius gelassen? Ihr seid sonst immer zusammen unterwegs gewesen.“ „Es hat sich in letzter Zeit vieles ereignet“, antwortete Marcus, „ich bin jetzt der Statthalter von Colonia Ulpia Traiana und Livius hat die Geschäfte seines Vaters übernommen.“ Arpus schluckte einige Male und sagte: „Oh, dann habe ich aber heute einen hohen Gast zu Besuch. Ich hoffe, dass mein Haus auch weiterhin deine Beachtung erfährt!“ „Natürlich“, teilte Marcus ihm mit, „ich war und bin immer noch gerne Gast bei dir, daran wird meine Stellung nichts ändern!“ Dann erzählte er ihm, dass er mit dem Kaiser die letzten Tage unterwegs war und auch in seinem Auftrag ein neues Stadttor in Treverorum bauen würde. Arpus war sprachlos über diese Neuigkeiten. Er konnte es kaum fassen, dass sein Gegenüber in solchen Kreisen verkehrte. Wenn immer er an diesem Abend Zeit hatte, saß er bei Marcus am Tisch und wollte noch mehr Einzelheiten wissen. Er ließ es sich nicht nehmen, Marcus am nächsten Morgen zu verabschieden. Mit dem Hinweis, wieder bei ihm einzukehren, ritt Marcus in den kommenden Tag hinein. Als er am Hafen von Remagen vorbei ritt, sah er eine Liburne der römischen Kriegflotte vor Anker liegen. Diese Schiffe waren zur Kontrolle der nassen Grenze, in diesem Fall der Rhein, ständig unterwegs. Plötzlich gewahrte er Tigellinus auf dem Deck stehend, wie dieser das gegenüberliegende Ufer mit seinen Augen abtastete. Die Mannschaft hielt griffbereit die Ruder in ihren Fäusten um auf Befehl gleich abzulegen. „Tigellinus“, rief Marcus zum Schiff herüber, „ist Gefahr im Anzug?“ Überrascht durch diesen Zuruf drehte er sich um und erkannte seinen Freund und Nachbar. „Warte kurz!“, rief er zurück, „ich komme an Land, ich muss ja unseren neuen Statthalter begrüßen.“ Er gab der Mannschaft eine Anweisung und sprang mit einem Satz von der Liburne. „Ich bin etwas erstaunt, dich hier auf der Liburne zu sehen“, sprach Marcus ihn an, „bist du jetzt eine Wasserratte?“ „Der Legat hat mich vor drei Tagen zur Rheinflotte abkommandiert, ich bin jetzt der Tribun dieser Liburne. Wir kontrollieren den Verlauf des Rhenus bis zur Grenze von Obergermanien. Vorhin dachte ich, eine Horde Germanen am gegenüber liegenden Ufer entdeckt zu haben. Aber es waren wohl harmlose Fischer.“ „Ruderst du heute noch zurück nach Vetera?“, erkundigte sich Marcus bei ihm, „wenn ja, dann könntest du mich mitnehmen. Ich war noch nie auf einem römischen Kriegsschiff.“ „Ja, du kannst dein Pferd aufs Deck bringen, wir können gleich ablegen“, erwiderte Tigellinus, „du wirst feststellen, das das Land vom Wasser her gut zu beobachten ist.“

Die Liburne war ein schnelles und wendiges Kriegsschiff. Deshalb war Marcus erstaunt, als Tigellinus extra wegen ihm einige Manöver durchführen ließ. Auf diese Weise konnte man schon einem Feind das Fürchten beibringen. Außer den bewaffneten Ruderern besaß das Schiff Bogenschützen und eine Scorpio, die man als Weitschießendes Artilleriegeschütz bezeichnen konnte. Nach einiger Zeit standen beide am Bug und beobachteten die Umgebung. Das Wasser im Rhein glitzerte in der Nachmittagssonne, sie mussten mit der Hand die Augen teilweise abdecken, um besser sehen zu können. Noavesium lag schon hinter ihnen, als sie voraus einen römischen Lastkahn ausmachten, der von zwei Booten bedrängt wurde. Tigellinus spornte sofort seine Ruderer an, der Überfall musste so schnell wie möglich vereitelt werden. Die Bogenschützen brachten sich schon in Stellung, vielleicht konnte man einige der Barbaren aus der Ferne ausschalten. „Sieh nur“, knurrte Tigellinus, „die Bande will sich den Frachter aneignen, um das Getreide zu rauben. Es sind zwei Boote mit insgesamt zwanzig Kriegern. Die haben mit unserer Anwesenheit nicht gerechnet!“ Mittlerweile waren sie nicht mehr weit entfernt und Tigellinus befahl den Angriff. Ein Pfeilhagel deckte die zwei Boote ein und einige Krieger fielen tödlich getroffen in den Fluss. Der Rest von ihnen erkannte die Gefahr, sie sprangen in die Fluten und erreichten in kurzer Zeit den Lastkahn. Die Schiffsbesatzung war hilflos und wurde allesamt niedergemetzelt. Jetzt hatten die Feinde genug Deckung auf dem Schiff, die Pfeile konnten ihnen nichts mehr anhaben. „Leg unser Schiff seitlich am Frachter an!“, rief Tigellinus laut dem Steuermann zu und zu seiner Besatzung gewandt, „ ihr springt dann auf den Frachter und greift die Feinde an!“ Die Legionäre formierten sich seitlich und nach dem Andocken sprangen sie mit gezogenen Schwertern über die Bordwand. Marcus stand immer noch am Bug und sah sich das Gemetzel an. Die Feinde waren in der Unterzahl, deshalb war der Kampf schnell zu Ende. In meinem alten Leben wäre so ein Kampf Teil eines spannenden Römerfilms gewesen, dachte er, aber hier spielt sich das brutale Schlachten real vor meinen Augen ab. Es fällt mir immer noch schwer, sich damit abzufinden. Tigellinus ließ nun die toten Germanen ins Wasser werfen. Die Gefallenen der Schiffsbesatzung und zwei Legionäre, die auch den Tod gefunden hatten, verblieben auf dem Frachter. Dann stellte er fünf Legionäre ab, die das Frachtschiff samt den Toten nach Gelduba brachten. Der Rest ruderte mit der Liburne hinterher, um weiteres Unheil zu vermeiden. Marcus stand wieder mit Tigellinus am Bug und war in Gedanken versunken. Nach einer Weile meinte sein Freund zu ihm: „Du siehst ja, ob nasse Grenze oder Waldgrenze, wir müssen ständig mit den Barbaren rechnen. Aber hier auf dem Wasser sind wir sicherer wie in den germanischen Wäldern, wo hinter jedem Baum der Tod auf uns wartet.“ Marcus nickte nachdenklich und war innerlich froh, nicht in der Legion zu dienen. Nachdem der

Frachter seinen Bestimmungsort erreicht hatte, fuhren sie weiter in Richtung Vetera. Dort verließ er die Liburne und ritt die kurze Strecke zu seiner Stadtvilla. Diana erwartete ihn schon voller Ungeduld und bestürmte ihn mit vielen Fragen nach seinen Erlebnissen der letzten Tage.

Für Aulus Plautius war der Abschied nicht leicht gefallen. Als Statthalter hatte er jahrelang die Geschicke der Stadt geleitet und übergab sein Amt wehmütig an Marcus weiter. „Aber wenn der Kaiser mich ruft", sagte er zu ihm am letzten Tag, „dann werde ich mich fügen müssen. Ich denke, du wirst ein guter Nachfolger sein!"

In den nächsten Wochen nahm sich Marcus viel Zeit für die Einarbeitung in der Verwaltung. Er sichtete die Unterlagen über das Steueraufkommen, römisches Strafrecht, Strassen- und Häuserbau und die Zusammenarbeit mit dem Legionslager. Ab und zu stieß er tiefe Seufzer aus, auf ihn kam eine Menge an Arbeit zu. Die Führung für diese Stadt und ihre Umgebung lastete jetzt wie Blei auf seinen Schultern. Ich muss meiner Verantwortung gerecht werden, dachte er zwischendurch, sonst wird meine Arbeit im Chaos enden. Gelegentlich führte ihn sein Weg nach Trier, der Bau des neuen Stadttores verlangte viel Aufmerksamkeit von ihm. Diana beschwerte sich schon, weil er täglich spät nach Hause kam und Unterlagen für die weitere Bearbeitung mitbrachte. „Mein Liebes", gab er ihr zur Antwort, „wenn ich mich eingearbeitet habe, dann verbringe ich auch wieder mehr Zeit für dich und unsere

Kinder." „Auf diesen Tag freue ich mich ganz besonders", antwortete sie, „denn ich vermisse so die Zeit, die wir uns früher gemeinsam geschenkt haben. Unsere Ausflüge, unsere Abende im Garten und unsere Nächte sind Erinnerungen, die sich in meinem Herzen eingebrannt haben. Aber ich sehe ein, dass im Moment deine Arbeit an erster Stelle steht und du meine volle Unterstützung bekommst!" Marcus sah seiner Frau tief in die Augen und flüsterte liebevoll: „Ich liebe dich wie am ersten Tag, du bist die Erfüllung meines Lebens!" Diana errötete bei dieser Liebeserklärung, dann nahm sie seinen Kopf in ihre Hände und küsste ihn so leidenschaftlich, dass er weiche Knie bekam. Diese Frau ist wie ein feuriger Vulkan, sagte er sich in diesem Moment, heute Nacht werde ich das Feuer wieder anfachen.

Die Jahre gingen ins Land und Marcus erwies sich als kluger und befähigter Statthalter, der die Geschicke seiner Stadt und dem Umland zur Zufriedenheit der Menschen leitete. Dank seines Einsatzes wuchs auch die Gemeinde der Christen, die unbehelligt ihren Glauben ausüben konnten. Mit über sechzig Jahren setzte er sich zur Ruhe und genoss mit Diana einen schönen Lebensabend.

Neue Ausgrabungen

Sechs Jahre sind mittlerweile seit dem Verschwinden von Marcus vergangen. Nach den ersten zwei Jahren kam sogar eine Suchmeldung in der Fernsehsendung Aktenzeichen XY. Seine Geschichte wurde als Kurzfilm in der Sendung nachgespielt. Es gab einige Anrufe von Personen, die glaubten, ihn an mehreren Orten gesehen zu haben. Bei seinen Eltern und Freundin Sarah keimte deshalb ein Funke Hoffnung auf, Marcus doch noch zu finden. Ihre Enttäuschung war am Ende groß, als sich nach den Aussagen der Anrufer keine neue Spur ergeben hatte.

Auf dem Ruinengelände war vor einigen Wochen wieder eine neue Ausgrabung in Angriff genommen worden. Die Stadt Xanten hatte bei der letzten Ratssitzung ein Sonderbudget von zweihunderttausend Euro freigegeben, um weitere Erkenntnisse über ihre Vergangenheit zu erfahren. die Grabungen fanden rund um das ehemalige Nordtor statt. Man erhoffte sich, hier mehr über das Ableben der ehemaligen Bewohner zu erfahren. Eines Tages entstand an der neuen Grabungsstelle eine riesengroße Aufregung. Die Ausgräber legten ein bis dahin nicht geortetes Steingrab frei und waren ratlos über ein gefundenes Artefakt. Nach dem Öffnen des Deckels fand man es neben einem männlichen Skelett. Nach einer sorgfältigen Reinigung durch die Archäologen stellte sich heraus, dass dieses Artefakt die Bestandteile einer Armbanduhr waren. Das gut erhaltene Zifferblatt war eine Nachbildung von der

Himmelsscheibe, die im Sommer des Jahres 1999 in Nebra gefunden wurde. Die Ausgräber waren wie vor den Kopf geschlagen, diese Wendung konnte niemand erklären. Nachdem der Fund in allen Zeitungen und sonstigen Medien gezeigt wurde, erkannte Peter Dorati die Uhr seines vermissten Sohnes. Total erregt eilte er mit seiner Frau Irmgard in das Gebäude der Kripo und berichtete dem zuständigen Beamten von seiner Entdeckung. Kriminalobermeister Lehmann, den die Suche nach Marcus die ganzen Jahre beschäftigt hatte vermutete sofort ein Verbrechen. „Ich werde die Grabungsarbeiten sofort einstellen lassen“, sagte er zu Peter Dorati, „zuerst muss die Spurensicherung auf dem Gelände ihre Arbeit aufnehmen!“ „Wenn unterhalb der Zwölf die Buchstaben PI eingraviert sind, dann ist es die Uhr meines Sohnes“, informierte Peter den Beamten, „das sind nämlich die Anfangsbuchstaben der Vornamen von mir und meiner Frau.“ „Ich verspreche ihnen, die Uhr mit den Archäologen genauestens zu untersuchen, um uns Gewissheit zu verschaffen!“, versicherte ihm Herr Lehmann.

Auch Sarah hatte von dem Fund gehört und klingelte am nächsten Tag aufgeregt an der Tür von Marcus Eltern. Sie war mittlerweile mit einem jungen Mann liiert, denn fünf Jahre ist eine zu lange Zeit für eine junge Frau, um Single zu bleiben. „Ich habe damals auch die Uhr an Marcus Hand gesehen“, erzählte sie den beiden, „er hatte sie extra ausgezogen und mir in die Hand gegeben. Darum kann ich mich noch gut an das Zifferblatt mit den Gestirnen erinnern.“ Irmgard nahm sie in die Arme und schluchzte: „Vielleicht können wir jetzt das Schicksal von Marcus klären!“

Nach der eingehenden Untersuchung durch die Spurensicherung gemeinsam mit den Archäologen wurde festgestellt, dass diese Uhr auf Grund des Fundortes und der Begleitumstände fast 2000 Jahre lang in diesem Steinsarg gelegen hatte. Auch die besagte Gravur war tatsächlich vorhanden. Das dazugehörige Skelett wies keine Verletzungen auf, der Tote war wohl auf Grund seines Alters damals verstorben. Die ganze Fachwelt stand Kopf, niemand war in der Lage, dieses Ereignis zu deuten. Die meisten Mutmaßungen beschäftigten sich mit Zeitreisen, andere hingegen verdächtigten die Stadt, um mit dieser Geschichte Touristen anzulocken. Für die Eltern von Marcus und Freundin Sarah bestand aber immer noch Hoffnung, dass Marcus irgendwann wieder auftauchen würde. Sein Tod konnte ja nicht zweifelsfrei ermittelt werden.

Nachdem das Skelett geborgen war, wurde der Steinsarg weiter eingehend untersucht. Im Lauf der Jahrhunderte hatte sich eine dicke Staubschicht gebildet, die vorsichtig entfernt wurde. Dabei stach den Ausgräbern plötzlich ein Glitzern in ihre Augen. Die Umgebung wurde dann sorgfältig mit einem Pinsel freigelegt und völlig unerwartet kam ein Steinkelch mit einer Achateinlage zum Vorschein. Das Erstaunen der anwesenden Grabungsteilnehmer war kaum zu beschreiben. Einer von ihnen brachte es auf den Punkt. „Wenn mich nicht alles täuscht“, sprach er ungläubig, „könnte dieser Kelch mit dem heiligen Gral in Verbindung gebracht werden. Es gibt zwar einige Exemplare auf dieser Welt, aber dieser kann durch die Fundsituation der Richtige sein!“ Jetzt trat eine unheimliche Stille bei allen Anwesenden nach diesem Satz ein. Jeder einzelne fragte sich, ob hier ein Jahrtausendfund vor ihnen lag. Nach Bekannt werden dieses Vorfalls stand die gesamte Fachwelt wieder vor einem neuen Rätsel.

Nachdem der Grabungsleiter Dr. Koch einige Tage später die letzte Ecke des Steinsarges freilegte, gewahrte er ein Bündel Leinen, welches durch die letzten zwei Jahrtausende in einem schlechten Zustand war. Mit aller Vorsicht barg er das Bündel und trug es in das Grabungszelt, welches für erste Untersuchungen aufgestellt war. Seine zwei anwesenden Assistenten begleiteten ihn. Sie konnten es kaum erwarten, mit dem Grabungsleiter gemeinsam das rätselhafte Bündel zu untersuchen. Behutsam legten sie die Stofflagen frei, die sich zum Teil schon auflösten. Plötzlich lag eine unversehrte Pergamentrolle vor ihnen. Jetzt wurde es unheimlich still im Zelt als Dr. Koch die Rolle langsam aufwickelte. Wie groß war das Erstaunen, denn in diesem Moment sprangen ihnen deutsche Schriftzüge in die Augen. Sie sahen sich fragend an, keiner von ihnen konnte sich diesen Umstand erklären. Nachdem das Pergament vollständig aufgerollt war, lasen sie gemeinsam den Text, der noch gut erhalten war:

Mein Name ist Marcus Dorati. Ich bin im Jahr 2016 durch eine göttliche Fügung in das Jahr 160 n. Chr. katapultiert worden. Mein Auftrag lautete, dem christlichen Glauben seine wahre Bestimmung zurück zu geben. Jesus war verheiratet mit Maria Magdalena und seine Nachkommen kamen über Frankreich bis nach Xanten. Der Kelch in meinem Grab ist jener, der bei dem letzten Abendmahl verwendet wurde. Alle kirchlichen Würdenträger, sie sind nur einfache Diener Gottes, sollten sich besinnen und von ihrem Reichtum ablassen. Dieser soll unter den Armen in der Welt verteilt werden. Ihre Aufgabe muss darin bestehen, das Wort Gottes zu lehren, um eine friedvollere Welt zu schaffen. Sonst ist die gesamte Menschheit im 21. Jahrhundert dem Untergang geweiht. Der Kelch wird allen als Symbol der Erinnerung dienen. Diese Mitteilung an die Nachwelt war mein göttlicher Auftrag, der mir durch eine Offenbarung von Maria Magdalena mitgeteilt wurde.

Den Anwesenden wurde es schwindlig, nachdem sie den Text gelesen hatten. „Wir müssen diesen Text den Menschen mitteilen“, sprach Dr. Koch nach einer Weile, „wie ich das sehe, hat uns dieser Marcus Dorati vor einer Apokalypse gewarnt. Die scheint in nicht allzu ferner Zukunft einzutreten. Außerdem fällt mir ein, dass ein römischer Historiker namens Quintus Curtius Rufus über einen Statthalter in Colonia Ulpia Traiana berichtete, der Marcus Doratus hieß. Hier könnte es sich um die gleiche Person handeln.“ „Warum ziehen sie diese Rückschlüsse?“, entsprang es einem erschrockenen Assistenten, „es gibt ja zur Zeit einige kriegerische Auseinandersetzungen auf der Welt, aber das wird wohl nicht unser Ende bedeuten.“ „Ich sehe im Moment die größte Gefahr bei den Russen“, antwortete

Dr. Koch, „deren Präsident Putin spricht immer noch über eine militärische Spezialoperation bei dem Überfall auf die Ukraine. Ich traue ihm zu, dass er eine Atombombe einsetzen wird, wenn ihm nicht der Sieg über die Ukraine gelingt. Er hat ja schon insgeheim damit gedroht. Wenn eine Atombombe fallen sollte, dann werden wir uns im dritten und letzten Weltkrieg befinden. Und das wird unser aller Untergang sein. Vielleicht sollte uns ein Zeitreisender davor bewahren!“ Den drei Assistenten blieb bei dieser Vermutung die Sprache weg, so weit hatte keiner von ihnen gedacht.

Die Ereignisse, die sich in Xanten zugetragen hatten, liefen in kurzer Zeit über den gesamten Erdball. Die öffentlichen Medien überschlugen sich mit immer neuen Berichten, Fernsehdiskussionen und Weltuntergangsstimmung. Die Familie Dorati war am Boden zerstört. Ihr einziger Sohn weilte nicht mehr unter den Lebenden. Sie bestanden darauf, seine menschlichen Überreste in geweihtem Boden beerdigen zu lassen. Der einzige Trost blieb ihnen, dass Marcus als alter Mann gestorben war und sehrwahrscheinlich ein gutes Leben geführt hatte. Ihre Trauer bestand darin, dass sie an seinem Leben in der anderen Zeit nicht teilhaben konnten.

Etwas Außergewöhnliches trug sich drei Wochen nach dem Bekannt werden der Offenbarung von Marcus zu. Der amtierende Papst Franziskus lud alle kirchlichen Würdeträger zu einem Konzil nach Rom ein. Über zweitausend Kardinäle und Bischöfe folgten seinem Ruf und trafen innerhalb von einigen Tagen in Rom ein. Es war das 21. Konzil seit Bestehen des Christentums und das Wichtigste überhaupt. Das Überleben der Menschheit stand auf dem Spiel. Die Stadt Rom platzte aus allen Nähten. Reporter und Neugierige aus aller Welt bevölkerten die Stadt. Am Stadtrand wurden sogar Zelte aufgeschlagen um all die Menschen unter zu bringen. Nachdem sich die Würdenträger im Petersdom versammelt hatten, erhob Papst Franziskus das Wort und sprach:" Meine lieben Brüder. Wir haben alle die letzte Offenbarung von Marcus Dorati mittlerweile gelesen. Die Fachwelt hat mir persönlich die Echtheit dokumentiert. Es gibt keinen Zweifel an den Artefakten, die in Xanten geborgen wurden. Der heilige Gral, der besagte Kelch des letzten Abendmahls, befindet sich nun in meinen Händen. Ich spüre jedes Mal eine unheimliche Macht, die von diesem Kelch ausgeht, wenn ich ihn berühre.

Mein Wunsch ist dahingehend, dass wir Würdenträger uns wieder besinnen und als einfache Diener Gottes den Menschen seine Botschaft überbringen. Seit Beginn des Christentums haben wir uns stetig in die falsche Richtung entwickelt. Gott wollte nie Herrscher über Gläubige haben, sondern Diener, die den Menschen das Gute lehren. Um unsere Welt zu retten, werde ich morgen nach Moskau reisen, weil sich da die Gefahr unseres Untergangs anbahnt. Laut meinen politischen Berater ist es möglich, dass der russische Präsident Putin eine Atombombe einsetzen wird, um nicht sein Gesicht wegen einer Niederlage in der Ukraine zu verlieren. Nach der ersten Bombe wird die Nato gleichziehen und der folgende dritte Weltkrieg wäre das Ende unserer Menschheit!“ Eine atemlose Stille trat nach dieser Rede im Vatikan ein. Viele Würdenträger hatten ein Problem, ihre Macht abzugeben. Andere hingegen sahen die Notwendigkeit ein und deren Sprecher, der Erzbischof von Bordeaux richtete sein Wort an die Versammlung:“ Meine Brüder, wir müssen unserem amtierenden Papst in dieser Zeit beistehen. Er ist das Oberhaupt unserer Kirche und somit befugt, die Offenbarung von Marcus Dorati umzusetzen. Sein erster Weg sollte ihn zu Putin führen, um die Katastrophe abzuwenden. In der Zwischenzeit muss unsere Verwandlung zu einfachen Dienern Gottes umgesetzt werden. Die Menschheit und in Folge unser Christentum muss gerettet werden!“ Jetzt wurde es ziemlich laut in den Räumen des Vatikans, eine Abstimmung sollte nämlich durchgeführt werden. Das Ergebnis folgte dem Ansinnen von Papst Franziskus. Am nächsten Tag flog der Papst mit dem Ergebnis der Konzilvereinbarung nach Moskau. Präsident Putin hatte kurzfristig einer Audienz zugestimmt, er wollte nicht dem höchsten Würdenträger der Christen eine Absage erteilen. Erstaunt über die kurzfristige Zusage von Präsident Putin spekulierten die öffentlichen Medien, ob der Papst seinen Einfluss auf den Krieg in der Ukraine durchsetzen könnte. Die Bediensteten im Kreml führten Papst Franziskus in Putins Arbeitszimmer wo er gegenüber dem Präsidenten Platz nahm. Abgeschirmt von der Außenwelt kamen die beiden ins Gespräch.

„Herr Präsident, möchten sie, dass der Konflikt in der Ukraine zu der Vollkommenden Zerstörung unserer Erde führen kann?“, begann der Papst die Audienz, „sie haben in der Vergangenheit schon des Öfteren die Atombombe ins Spiel gebracht!“ Putin überlegte kurz und antwortete: „Ich vertraue ihnen dahingehend, dass unser Gespräch nicht die Mauern des Kreml verlässt und sage offen, diese Aussage habe ich in die Welt gesetzt, um die Natopartner zu verunsichern. Natürlich weiß ich auch, dass mein Einsatz mit dieser Bombe der Beginn eines dritten Weltkriegs wäre. Die Nato wird mir dann mit der gleichen Waffe antworten und unser aller Untergang wäre sicher. Ich habe mich mit der Ukraine verkalkuliert und kann nicht einfach aufhören, ohne mein Gesicht zu verlieren.“ „Die letzte Nacht kam ich nicht zur Ruhe“, gab der Papst betont zur Antwort, „aber mir ist dann eine Idee gekommen, den Konflikt in beiderseitigem Einvernehmen mit der Ukraine zu beenden.“ „Wenn sie eine Möglichkeit gefunden haben, eure Eminenz, dann bin ich bereit, die ganze Sache zu beenden.“ „Mein Vorschlag ist Folgender“, sprach dann Franziskus, „man sollte vereinbaren, das die Halbinsel Krim als gemeinsames Territorium für beide Länder eingetragen wird und dann alle Kampfhandlungen beendet werden. In unserer heutigen Zeit ist es mittlerweile unmöglich, territoriale Ansprüche mit Gewalt durchzusetzen. Sie sehen ja, mit welcher Kraft die Ukraine von den westlichen Ländern unterstützt wird!“ Putin lehnte sich zurück, nachdem Franziskus geendet hatte, schloss die Augen und lies das Für und Wider in seinen Gedanken durchspielen. Nach langer Zeit öffnete er seine Augen, sah den Papst an und antwortete: „Ich bin damit einverstanden. Wenn die Ukraine mitspielt, können wir das Ganze in die Wege leiten!“ „Dann werde ich sofort aufbrechen und mich in die Ukraine begeben!“, teilte Franziskus ihm mit, „ich denke, Präsident Selenskyj wird sich darauf einlassen.“

In der Ukraine angekommen, empfing der ukrainische Präsident bereitwillig den Papst. Er und die halbe Welt waren mittlerweile informiert, dass Papst Franziskus mit dem Kremlführer gesprochen hatte. Nach der zähen Verhandlung mit Präsident Selenskyj, an der auch seine Berater teilgenommen hatten, waren sie sich einig geworden, diesen vorgeschlagenen Weg zu gehen. Zwei Tage nach diesem historischen Ereignis trafen sich die beiden Präsidenten im Beisein von Papst Franziskus bewusst auf der Halbinsel Krim und die entsprechenden Verträge wurden unterzeichnet. Die halbe Welt atmete auf, der gefährlichste Konflikt auf dieser Erde war zu Ende. Die Bemühungen der katholischen Kirche, die die Offenbarung von Marcus Dorati umsetzten, trugen langsam Früchte. Die Kriege auf dieser Welt wurden weniger, den Armen stand man zur Seite und auch der Islam orientierte sich an den Gesetzen, die die Freiheit der Menschen garantierte. Nur ein einziges Land widersetzte sich den Bestrebungen nach Frieden. Der Machtinhaber Kim Jong-un aus Nordkorea verunsicherte den Rest der Welt mit weiteren

Drohgebärden. Jegliche Verhandlungen mit ihm waren bis jetzt gescheitert.

Personen des Romans

Marcus Dorati - Hauptfigur des Romans
Lucius - römischer Stoffhändler in CUT
Julia - seine Frau
Livius - sein Sohn
Remus und Vitus - Zwillinge von Livius
Sabina - erste Frau von Livius, Tochter von Haldavo
Claudia - zweite Frau von Livius, Tochter von Aulus Fettius
Diana - seine Tochter und Frau von Marcus
Chilon - Sohn von Marcus
Aulus Fettius - Weinhändler aus Trier
Antonia - seine Frau
Aulus Plautius - Statthalter in CUT
Haldavo - Gutshofbesitzer aus Gelduba
Poppäa - seine Frau
Peter und Irmgard Dorati - Eltern von Marcus
Sarah - Freundin von Marcus in Xanten
Clarus - Stoffhändler in Mogontiacum
Letitia - Schwester von Julia
Silanus - Mann von Letitia
Quintus - Legat von Mogontiacum
Titus - Centurio in Mogontiacum
Valerius - Kohortenführer in Mogontiacum
Tigellinus - Kohortenführer Kastell Saalburg
Appian - römischer Geschichtsschreiber 100 - 160 n. Chr.
Crispus - reisender Händler
Lehmann - Kriminaloberkommissar von Xanten
Dr. Eduard Koch - Archäologe in Xanten

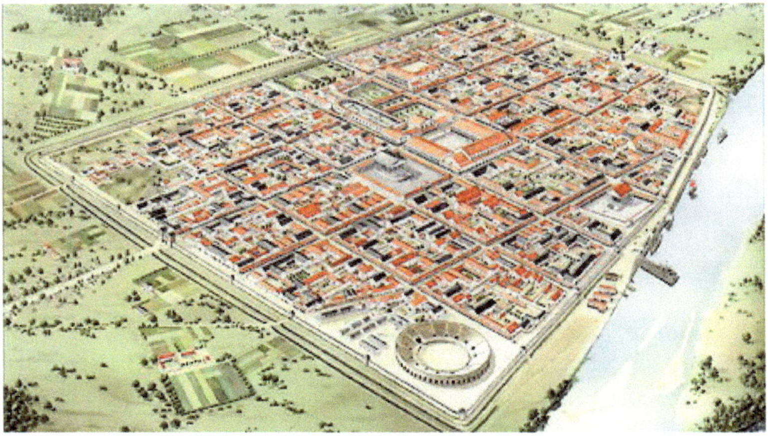

Hafen- und Stadtansichtansicht 160 n. Chr. Der Zeitraum, in der sich dieser Roman abspielt

Hier, in Vetera I war Marcus öfters mit seiner Familie bei seinen Ausflügen, als sich das Kastell schon in ein Ruinenfeld verwandelt hatte. Durch den Bataveraufstand im Jahr 70 n. Chr. wurde dieses Kastell zerstört und nicht wieder neu errichtet. Dafür entstand das Kastell Vetera II, welches sich in der Nähe von Colonia Ulpia Traiana befand. In diesem Zeitraum läuft der Roman über Marcus.

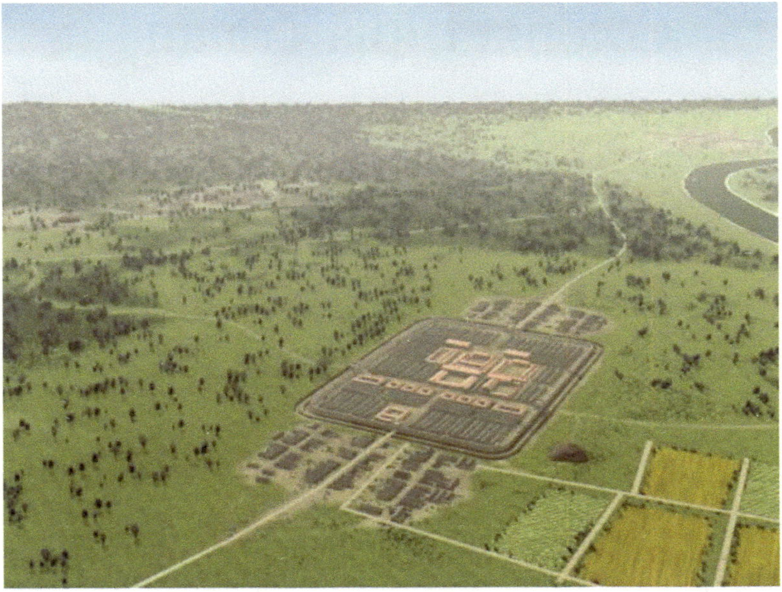

Vetera II

In der Forschung und in der wissenschaftlichen Literatur wird zwischen dem älteren Kastellplatz Vetera I (13/12 v. Chr. bis 70 n. Chr.) und dem jüngeren Kastellplatz Vetera II (71 bis mindestens ins 3. Jahrhundert) differenziert, die etwa eine römische Meile (mille passus = knapp 1500 m) auseinander lagen. Vetera gehörte zu den bedeutendsten Garnisonen an der Nordflanke des römischen Imperiums und war in seiner Frühzeit eine wichtige Aufmarschbasis für die rechtsrheinischen Expansionsbestrebungen der Römer. Heute liegt Vetera I auf unbebautem Gelände im Stadtgebiet Xantens, Vetera II dagegen in einer Tiefe von bis zu zehn Metern unter der Wasseroberfläche eines Baggersees.

Colonia Ulpia Traiana

Karte der *Colonia Ulpia Traiana* im heutigen Archäologischen Park Xanten (Stand 2018)

Die **Colonia Ulpia Traiana** (CUT) war eine römische Stadt (Colonia) auf dem Gebiet des heutigen Xanten (Nordrhein-Westfalen). Sie bestand etwa von 100 bis 275 n. Chr. und war ein Hauptort der Provinz Germania inferior. Heute befindet sich an der Stelle der Archäologische Park Xanten mit dem LVR-Römermuseum. Die Bodendenkmäler auf dem Gebiet werden nach und nach archäologisch erschlossen. Die Colonia Ulpia Traiana wurde von Kaiser Marcus Ulpius Traianus gegründet und nach ihm benannt. Als Colonia gehörte sie zu den etwa 150 Städten im römischen Reich, die dieses Stadtrecht besaßen (ihre Einwohner besaßen das römische Bürgerrecht) und als „Abbilder Roms“ galten. Ulpia Traiana war nach der Colonia Claudia Ara Agrippinensium (dem heutigen Köln) und Augusta Treverorum (Trier) die drittgrößte römische Stadt im heutigen Deutschland. Ihre öffentlichen Bauten repräsentieren den hohen Status der Stadt, die das Zentrum für ein weites Umland bildeten.

Mainz

Im Laufe der Geschichte veränderte sich der Name der Stadt mehrmals, von einer verbindlichen Schreibweise kann erst seit dem 18. Jahrhundert gesprochen werden. Der römische Name „Mogontiacum“ lässt sich von der keltischen Gottheit Mogon ableiten (*Mogont-i-acum* = „Mogons Land“). Mogontiacum wurde in der Historiographie erstmals von dem römischen Historiker Tacitus in seinem Anfang des 2. Jahrhunderts entstandenen Werk *Historien* im Zusammenhang mit dem Bataveraufstand schriftlich erwähnt. Auch abweichende Schreibweisen und Abkürzungen waren zu Zeiten der römischen Herrschaft bereits geläufig: „Moguntiacum“ oder verkürzt als „Moguntiaco“ in der Tabula Peutingeriana.

Das Stadtgebiet des heutigen Mainz war schon zur letzten Eiszeit vor 20.000 bis 25.000 Jahren eine Raststätte für Jäger, wovon bei Ausgrabungen im Jahr 1921 entdeckte Relikte zeugen. Erste dauerhafte Ansiedelungen im Mainzer Stadtgebiet sind jedoch keltischen Ursprungs. Die Kelten waren in der zweiten Hälfte des ersten Jahrtausends v. Chr. die dominierende Kraft am Rhein. Aus diesen keltischen Siedlungen und der mit ihnen im Zusammenhang stehenden keltischen Gottheit Mogon (in etwa vergleichbar dem griechisch-römischen Apollon) leiteten die nach dem Gallischen Krieg (52 v. Chr.) am Rhein eintreffenden Römer die Bezeichnung „Mogontiacum“ für ihr neues Legionslager ab. Lange Zeit wurde angenommen, dass dieses Lager um 38 v. Chr. gegründet wurde. Neuere Forschungen haben jedoch ergeben, dass die Gründung des Lagers (und damit letztlich der Stadt Mainz) erst später, nämlich um 13/12 v. Chr. durch Drusus, erfolgte. Nachdem das Doppellegionslager Mogontiacum gegründet worden war, wurde das Lager, das im Bereich des heutigen Kästrichs liegt, sehr schnell von einzelnen Ansiedelungen (lat. *cannabae*) umgeben. Die beiden Legionen brauchten Handwerker und Gewerbetreibende zur Aufrechterhaltung ihrer Einsatzfähigkeit. Diese Ansiedlungen sind der Ausgangspunkt der urbanen Entwicklung von Mainz. Die Stadt gehörte anschließend etwa 500 Jahre lang zum *Imperium Romanum* und war ab ca. 89 n. Chr. Hauptstadt der Provinz *Germania superior* und, ab dem 4. Jahrhundert, *Germania prima*. Im Unterschied zu Köln, der Hauptstadt der zweiten germanischen Provinz, scheint Mogontiacum dabei allerdings nicht zur *colonia* erhoben worden zu sein. Vor allem die große Rheinbrücke machte den Ort dabei wirtschaftlich und strategisch bedeutend. In der zweiten Hälfte des 3. Jahrhunderts entstand die erste Stadtmauer. Spätestens ab der Mitte des 4. Jahrhunderts bestand in der Stadt eine christliche Gemeinde unter Leitung eines Bischofs. Bereits seit etwa 350 scheint keine Legion mehr in Mainz stationiert gewesen zu sein.

Trier

ist eine von den Römern gegründete Stadt und hieß ursprünglich *Augusta Treverorum*, als eine Stadt des Kaisers Augustus und der Treverer. Die Treverer waren ein keltischer Stamm, der sich in der Region niedergelassen hatte. In der Spätantike war der Ort sehr bedeutend und hieß *Treveris*. Von dieser Bezeichnung leitet sich der heutige Ortsname Trier her.

Nach gesicherten Quellen ist die Stadt Trier römischen Ursprungs: Zu Füßen eines 30 v. Chr. errichteten und nach wenigen Monaten wieder aufgegebenen Militärlagers auf dem Petrisberg gründeten die Römer an einem 3. März[14], sehr wahrscheinlich im Jahre 16 v. Chr., nach dem Ritus der Limitation die Stadt Augusta Treverorum *(Stadt des Augustus im Land der Treverer)*. Die Ehre, nach Augustus benannt zu werden, wurde ansonsten nur Autun (Augustodunum) in Gallien/Frankreich, Aosta, Augsburg und Augst in der Nordschweiz zuteil. Unter Kaiser Claudius kam der Zusatz *Colonia* hinzu – *Colonia Augusta Treverorum*. Bauwerke wie die Barbarathermen, das Amphitheater und die 6,4 Kilometer lange Stadtmauer mit dem bis heute erhaltenen nördlichen Stadttor, der Porta Nigra, zeugen vom Reichtum und von der großen Bedeutung, die die Stadt bis zum Ende des 2. Jahrhunderts erlangte.

Gelduba

war ein römischer Garnisonsplatz am Niedergermanischen Limes, der seit 2021 zum Bestand des UNESCO-Weltkulturerbe gehört. Das Kastell wurde bei einem gleichnamigen, ubischen *oppidum* angelegt. Das heutige Bodendenkmal liegt im Krefelder Stadtteil Gellep-Stratum am Niederrhein. Besonders bekannt wurde der Siedlungsplatz durch seine Nekropole, von der über 6000 Gräber archäologisch untersucht wurden. Die Belegungsdauer der Gräberfelder reicht vom ersten bis zum achten Jahrhundert und besitzt damit eine der seltenen Siedlungskontinuitäten von der römischen bis in die merowingische Zeit. Namengebend für die spätere römische Garnison *Gelduba* war eine Ansiedlung einheimischer Bevölkerung, aus der Anfang des 1. Jahrhunderts ein Dorf der Ubier hervorging. Das Dorf lag unmittelbar nördlich des heutigen Gellep im Bogen des Mühlenbachzuflusses in den Rhein. Dieser Bach (früher Gelfbach genannt) markierte die Grenze zwischen den nördlich siedelnden germanischen Cugernern bzw. den südlich ansässigen Ubiern. Seit den Coloniegründungen unter Trajan und Claudius zählte das nördliche Gebiet zum Verwaltungssprengel der Colonia Ulpia Traiana (Xanten) und der südliche Bereich einschließlich Gelduba zur Colonia Claudia Ara Agrippinensium (Köln).

Die Kastellphase von Gellep/Gelduba beginnt ab 71 n. Chr. nach dem Batavarüberfall auf das vorherige

Militärlager beim zivilen Ort (locus) Gelduba und endet mit der Einnahme des Niederrheines durch die Franken Mitte des 5. Jahrhunderts.[16]

Das Kastellgelände befindet sich noch heute auf der Kuppe einer flachen Sanddüne, die zur Römerzeit bis zu 9 m über dem Rheinbett lag. Die angelegten Brunnen hatten daher eine Tiefe von bis zu 11 Metern. Unweit des Hügels, etwas nördlich vom vormaligen zivilen locus Gelduba, mündete der Gelfbach (heutiger Mühlenbach) in den Rhein. Nach Tacitus war Gelduba der nördlichste Ort auf dem Gebiet der civitas Ubiorum, also dem Land der dort siedelnden Ubier. Die Grenzlinie zu den nördlich lebenden Cugernern bildete dieser Gelfbach, von dessen Aussprache sich abgeschliffen von Gellef zu Geldeb der historische Name Gelduba und der heutige Ortsname Gellep herleiten.

Das Kastell und die unmittelbare Umgebung waren von Beginn an Belagerungen durch Germanen und entsprechenden Kampfhandlungen ausgesetzt.

- Aus dem Jahre 69 n. Chr. sind erstmals Kämpfe im Zusammenhang mit dem Bataveraufstand erwähnt. Das damalige Militärlager beim Dorf der Ubier, etwas südwestlich der Lage des späteren Kastells, war dabei umkämpft, obwohl es zunächst noch nicht aufgegeben wurde. Davon zeugen – über eine Strecke von etwa 800 Metern verteilt – zahlreiche Funde von gefallenen Legionären und getöteten bzw. umgekommenen Pferden sowie gezogene Verteidigungsgräben. Dabei lassen sich deutlich unterscheiden:

- über 200, meist in Pfahlgruben umgekommene Pferde in der Nähe der Ubiersiedlung und entlang des Walls
- allein 80 Pferdekadaver beim Haupttor des Hilfstruppenlagers
- Lagergräben im nordwestlichen Bereich des späteren Kastells
- gefallene römische Legionäre vor den Gräben und südöstlich des späteren Kastells
- batavische Fußtruppen in der Nähe von geplünderten Speichern etwas weiter südlich
- batavische Reiterei von Nord-Westen einfallend

Bataverüberfall im Jahre 69 n. Chr. / einige Wochen später fiel das Lager komplett in die Hände der Bataver Skizze nach Chr. Reichmann 2012

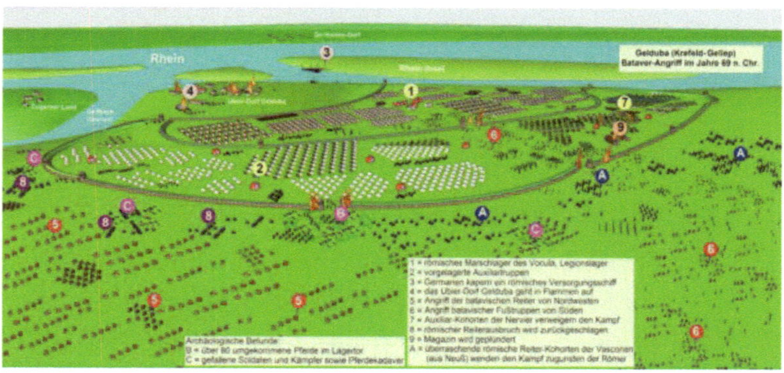

Begonnen hatten diese Kampfhandlungen, nachdem der Oberbefehlshaber Gaius Dillius Vocula mit 8000 bis 12.000 Legionären und Hilfstruppen auf dem Wege von Neuß nach Vetera (Xanten) bei dem ubischen Grenzdorf Gelduba ein großes Marschlager mit Gräben, Schanzen und Toren aufgeschlagen hatte. Die germanischen Ubier unterstützen zu diesem Zeitpunkt noch die Römer, während die Cugerner jenseits des Gelfbaches sich bereits, wie auch überrheinische Germanen, auf die Seite des Bataverführers Iulius Civilis geschlagen hatten. Vocula befand sich mit einer Reiterschwadron auf einem kurzzeitigen „Beutezug" im Cugerner-Gebiet, als rechtsrheinische Germanen – allesamt gute Schwimmer – vor dem Hafen von Gelduba ein Versorgungsschiff der Römer kaperten. Auch Häuser des zivilen Ortes Gelduba wurden in Brand gelegt. Die Legionäre gaben dem Lagerkommandanten Herennius Gallus wegen seines zögerlichen Verhaltens die Schuld an dem Verlust des Schiffes, verprügelten ihn und sperrten ihn ein. Erst der zurückkehrende Vocula konnte ihn befreien und die Aufrührer bestrafen.

Kurze Zeit später tauchte Civilis mit seinen Batavern selbst vor Gelduba auf und attackierte das Marschlager auf breiter Front. Seine Reiter griffen von Nordwesten an, während die batavischen Fußtruppen das Lager weitläufig umgingen und von Süden her anstürmten. Ausbrechende römische Reiter wurden zurückgeschlagen, die Bataver drangen nicht nur in das äußere Hilfstruppenlager, sondern bis in die Zentrale des Legionslagers vor. Die Römer hatten kaum Zeit ihre Katapulte auszurichten und die Geschossmaschinen zu spannen. Besonders umkämpft waren die Lagertore.

Tacitus berichtet in seinen „Historien" (Buch IV):

„…die Folge war keine Schlacht, sondern ein Schlachten. Die Kohorten der Nervier entblößten aus Furcht oder Treulosigkeit unsere Flanken; so traf man auf die Legionen, die ihre Feldzeichen verloren und innerhalb des Walls niedergeworfen wurden.“
Dennoch wendete sich das Blatt noch zu Gunsten der Römer: Reitende Hilfstruppen der Vasconen (Basken) die noch von dem kurzzeitigen Kaiser Galba ausgehoben und an den Rhein entsendet worden waren, näherten sich von Neuß kommend dem Marschlager und stürzten sich mit Geschrei in die Schlacht. Von hinten drangen sie auf die batavischen Fußtruppen ein und machten die meisten von ihnen nieder. Die Bataver glaubten, es handele sich um Legionen aus Mainz und so wendeten sich auch die batavischen Reiter unter hohen Verlusten zur Flucht. Obwohl die römische Seite viele Gefallene zu beklagen hatte, wurde das Kastell diesmal nicht eingenommen und fiel erst einige Monate später in die Hand der Bataver (nachdem auch die Ubier und einige gallische Stämme den Bataveraufstand unterstützten). Der Bataveraufstand wurde schließlich im Jahre 70 unter dem neuen Kaiser Vespasian (dem Sieger aus dem Vierkaiserjahr) niedergeschlagen. Kurz darauf, vermutlich im Jahre 71 n. Chr. wurde das Marschlager Gelduba abgerissen und mit dem Bau des ersten (eigentlichen) Kastells begonnen. An dessen Stelle wurden in mehreren Perioden nach jeweiliger Zerstörungen neue Kastelle errichtet, das letzte in spätrömischer Zeit etwa um 370 n. Chr.

Ernsthaft in Gefahr geriet das erste Kastell erstmals Mitte des 3. Jahrhunderts.

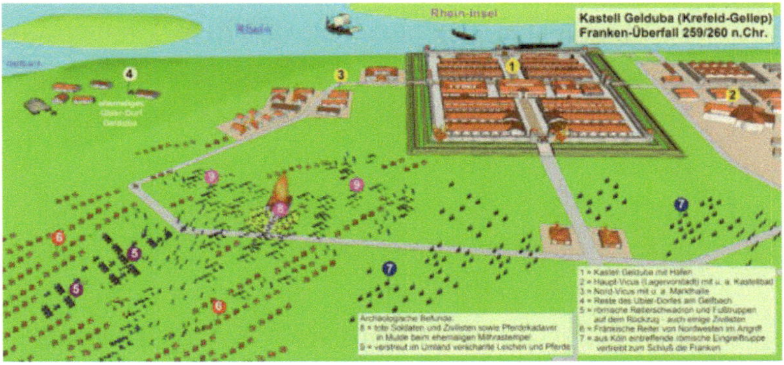

Frankeneinfall im Jahre 259 n. Chr. / 10 – 15 Jahre später wurde das Kastell zerstört / Skizze nach Chr. Reichmann 2012

- in das Jahr 259 n. Chr. fällt einer der ersten Franken-Angriffe zu einer Zeit, da der römische Offizier Postumus von seinen Soldaten zum Gegenkaiser aufgerufen wurde. Er konnte sich in einem „gallischen Sonderreich“ fast zehn Jahre an der Macht halten, seine Residenzstadt war Köln. Die Datierung der Ereignisse in Gellep beruht auf Münzen in einem Geldbeutel, den einer der Gefallenen in seiner Hand hielt. Es handelte sich um 258/259 geprägte Antoniniane u. a. des Severus Alexander.
- insgesamt fanden sich 120 Angriffsopfer und Gefallene im freien Gelände vor der nordwestli-

chen Kastellecke, mit Kalk bestreut und dort bestattet wo man sie später gefunden hat; unter den Soldaten auch eine Gruppe von dreizehn Zivilisten – möglicherweise aus dem Vicus oder einer nahen Villa Rustica – die sich in die Grube eines vormaligen Mithras-Tempels geflüchtet hatten.

- vermutlich befand sich eine römische Patrouille auf dem Rückweg ins Kastell, als sie von Germanen angegriffen wurde
- die Zahlen und Fundlage sprechen dafür, dass fast eine ganze Centurie (80 Mann Fußsoldaten) und eine komplette Reiterschwadron (32 Mann) bei dem Gefecht zugrunde gingen.
- letztendlich blieb der Überfall für die Franken aber erfolglos, denn das Kastell konnte – nach Unterstützung durch eine Eingreiftruppe – nicht eingenommen werden.
- 10 bis 15 Jahre später, zum Ende des Gallischen Sonderreiches, wurde Gelduba dennoch von den Franken niedergebrannt.[37]
- das Fundbild an einem Zwischenturm der westlichen Kastellmauer vermittelt einen Eindruck der Geschehnisse. Auf der Sohle des Erdgeschosses lagen zahlreiche Steinkugeln, die per Hand oder mit Schleudergeschützen auf die Angreife geschossen wurden,
- man fand hinter der Mauer zerbrochene Waffen, Teile von Pferdegeschirr und Arbeitsgeräte; auch zwei abgebrochene Klingen von einem

Gladius (Legionärsschwert) und einer Spatha (dem Schwert der Reiter) sowie einen für die Zeit altertümlichen Pilum (Speer).

- auf dem mit Brandschutt überdeckten und planierten Gelände wurde das zerstörte Kastell anschließend wieder aufgebaut.
- nach 355 (nach der Erhebung des Magnentius, Offizier „barbarischer" Herkunft) war das spätrömische Kastell einem weiteren Frankenansturm ausgesetzt. Eine Anzahl archäologischer Funde zeugen von den Vorgängen:
- es gibt menschliche Überreste (Knochen) im Kastellschutt, darunter eine Kalotte mit Hiebverletzungen
- am West-Tor gibt es deutliche Spuren einer Unterminierung. Wegen des nachgiebigen sandigen Bodens hatten die Angreifer keinen Stollen gegraben, sondern eine Ecke des Torturmes seitlich angegraben, das Loch mit Pflöcken ausgesteift und dann die Pfosten angezündet. Durch die Lücke der eingestürzten Mauer beim Turm war das Kastell schließlich eingenommen worden.
- In den Jahren 390 bis 420 (so datieren gefundene Münzen) kam es in Gellep immer wieder zu kriegerischen Auseinandersetzungen. In das Vorfeld des letzten Kastells wurden zur Abwehr Fallgräben und Verhaue errichtet – alles deutet auf erwartete Kampfhandlungen hin. Um 420 wurde die Vormauer mit Erdanschüttungen als

Wehrgang ergänzt; auch gab es jetzt hölzerne Wehrtürme die an das Mauerwerk angelehnt waren.

- Ob das letzte Kastell durch Kampfhandlungen eingenommen wurde oder nach der Aufgabe durch die Römer unversehrt in die Hände der Franken fiel, ist archäologisch nicht nachweisbar – seine Ruine war noch im 13. Jahrhundert vorhanden. Die an die Zeit der Römer anschließenden Spuren der Franken lassen sich in den Grabungen nahtlos bis ins 8. Jahrhundert nachweisen

Haltern

Entlang der Lippe zogen die Römer von Westen her immer wieder ins westfälische Hinterland und legten Militärlager in Holsterhausen, Haltern, Beckinghausen, Oberaden und Anreppen an. Das Vorhaben, Germanien zu einer römischen Provinz zu machen, scheiterte im Jahr 9 n. Chr. mit der Varusschlacht und endgültig 16 n. Chr. mit dem Verzicht des Tiberius auf die Unterwerfung des rechtsrheinischen Germanien nach den vergeblichen Germanicus-Feldzügen. Alle Lippelager, auch das in Haltern, wurden aufgelassen. Auf dem heutigen Stadtgebiet Halterns gab es mehrere teils befestigte Lager und Kastelle sowie einen Hafen an der Lippe. Das ehemalige römische Kastell Aliso wird im Römerlager Haltern vermutet. Viele Funde aus dieser Zeit sind im Westfälischen Römermuseum in Haltern ausgestellt.

Remagen

Der Ort Remagen geht auf ein römisches Kastell zurück, das vor gut 2000 Jahren errichtet wurde (um das Jahr 3 n. Chr.), und nach dem ursprünglich keltischen Namen *Rigomagos*, latinisiert *Rigomagus*, benannt wurde (mit *rīgo-* von kelt. *rīgs* = König und kelt. *magos* = Feld, Ebene – also „Königsfeld“); ähnliche Worterklärungen gelten auch für Nijmegen und für Neumagen. Nach 274/275 wurde das Kastell zur Festung ausgebaut. Der antike Name Rigomagus wird ein einziges Mal bei einem antiken Schriftsteller erwähnt. Zum Jahr 356 berichtet Ammianus Marcellinus, dass nach einem Germaneneinfall zwischen Koblenz und Köln nur das *Rigomagum oppidum* und ein Turm bei Köln unzerstört geblieben waren. Die auf einer römischen Straßenkarte beruhende Peutingersche Tafel verzeichnet *Rigomagus* zwischen *Bonna* (Bonn) und *Antunnacum* (Andernach). Frühe Christen und die Existenz einer Kirche werden für das 5. Jahrhundert nachgewiesen Ausweis frühchristlichen Lebens in Remagen ist ein am Apollinarisberg gefundener Grabstein, der heute im Rheinischen Landesmuseum in Bonn aufbewahrt wird. Auf ihm wird einer Meteriola gedacht, mit der der Grabsetzer 23 Jahre verheiratet war und die vor mehr als acht Jahren seine *soror in domino* (Schwester im Herrn) wurde (vielleicht ist die Taufe gemeint).

Andernach

Spätestens seit dem 3. Jahrhundert v. Chr. befand sich eine keltische Siedlung auf dem Gebiet des heutigen

Andernach. Nachdem Gaius Iulius Caesar in den Jahren 55 und 53 v. Chr. zwei Rheinbrücken in dem Gebiet zwischen Andernach und Neuwied bauen ließ, wurde das römische Militärlager Antunnacum gegründet. Dieses bestand bis ins 5. Jahrhundert, als Antunnacum und die Umgebung an die Franken fiel.

Arles

Arles ist eine Stadt in der Provence im französischen Departement Bouches-du-Rhône. Zu der etwa 25 km vom Mittelmeer entfernten Stadt gehören auch weite Teile der Camargue, die Arles mit 760 km² zur flächenmäßig größten Gemeinde Frankreichs machen.

Der Name Arles stammt vom keltischen *Arelas* oder *Arelate* und bedeutet Sumpfort. Die gallische Gründung ist aber nicht die erste größere Siedlung, sondern das ligurische Theline. Unter Julius Caesar wurde der Ort im Jahr 46. v. Chr. zur römischen Militärkolonie *Colonia Julia Paterna Arelate Sextanorum.*

Unter den Römern gewann der Ort an der Kreuzung der Via Agrippa und Via Aurelia an Bedeutung und konkurrierte im Handel mit *Massilia* (Marseille). Die Blütezeit erreichte Arles unter Kaiser Konstantin I., der Arles vergrößerte und den Beinamen *Constantina* gab. Im Jahr 395 wurde es die Hauptstadt Galliens und avancierte 402 mit der Verlegung der *Praefectura Galliarum* von Trier nach Arles zur Hauptstadt des römischen Westreiches.